创客志

中 国 创 业 经 典
案 例 研 究

从高知到企业家的蝶变

樊建平　张玉利　主编　　杨柳　著

海天出版社

· 深圳 ·

图书在版编目 (CIP) 数据

从高知到企业家的蝶变 / 樊建平, 张玉利主编 ; 杨柳著. — 深圳 : 海天出版社, 2018.12
（创客志 : 中国创业经典案例研究）
ISBN 978-7-5507-2511-9

Ⅰ. ①从… Ⅱ. ①樊… ②张… ③杨… Ⅲ. ①企业管理—案例—中国 Ⅳ. ①F279.23

中国版本图书馆CIP数据核字（2018）第247323号

从高知到企业家的蝶变
CONG GAOZHI DAO QIYEJIA DE DIEBIAN

出 品 人　聂雄前
责任编辑　涂玉香 张绪华
特约编辑　薛静萍
责任技编　陈洁霞
责任校对　万妮霞
封面设计　李　礼

出版发行　海天出版社
地　　址　深圳市彩田南路海天大厦　（518033）
网　　址　www.htph.com.cn
订购电话　0755-83460239
设计制作　蒙丹广告0755-82027867
印　　刷　深圳市新联美术印刷有限公司
开　　本　787mm×1092mm　1/16
印　　张　15.75
字　　数　191千
版　　次　2018年12月第1版
印　　次　2018年12月第1次
定　　价　68.00元

总序

从 2011 年 "maker" 一词被翻译成 "创客" 进入中文，到 2015 年 "创客" 第一次进入政府工作报告，短短几年，创客就从原本的小众文化发展成我国一、二线城市流行文化的组成部分，并且和创新创业联系在一起，形成北京、上海、深圳三大创客文化生态圈。

相信很多人跟我一样，就是在这段时间开始知道创客、认识创客，并且逐渐有了一些了解。让我真正对创客感兴趣，并且想为创客写点儿东西的是国务院总理李克强对创客的肯定。2015 年 1 月 4 日，国务院总理李克强考察深圳柴火创客空间，并且在现场体验之后说："创客充分展示了大众创业、万众创新的活力。这种活力和创造，将会成为中国经济未来增长的不熄引擎。"因为生活在深圳，因为曾经作为记者积累的资源，我有许多机会接近创客群体，对他们了解得越多，我的书写愿望就越强烈。因为我特别希望能把自己了解到的创业故事和创业经验分享给更多不断加入创业大军的朋友们，帮助他们理性创业，在创业初期尽量避免踏入一些 "坑"，少走一些弯路。

想不到的是，在深圳，也有人和我一样。2016 年，当接到海天出版社的邀请，了解"创客志：中国创业经典案例研究"出版项目的策划思路之后，我既激动又忐忑。激动的是竟然遇到知音，离实现愿望又近了一步；忐忑的是，这是为改革开放四十周年献礼的重要项目，海天出版社从 2015 年就已经开始酝酿，不知我是否能够胜任。海天出版社的回复让我心安。该项目的两位主编都是"大咖"：樊建平教授是中科院深圳先进技术研究院院长，有"人才伯乐"的美誉，在汇聚高端人才、探索科研体制创新方面有突出成绩；张玉利教授是南开大学博士生导师、教育部长江学者特聘教授，也是教育部高等学校创业教育指导委员会委员，在推动创业研究与教育工作方面颇有建树。此外，知名创客平台中科创客学院也将给予专业指导和资源支撑。如此，后顾之忧少了，我也就鼓足勇气承接了这套丛书的采访和主要撰写工作。

此后，经过将近一年的调研和讨论，这个项目的脉络逐渐清晰，最终确定了欣赏性与研究性共存的编撰理念，既全面展现我国当前的创新创业形态，又集中反映近二十年涌现的创业群体。在此基础上，为了将创业者的经验更科学地归类整理，方便读者各取所需，按照创业主体类型，我们划分出众创空间、明星企业创业、高级知识分子创业、高管创业和草根创业等五类，最后形成五个分册。其中，《创客的梦想家园》对国内外创客空间进行对比研究，总结出我国众创空间的六大模式，重点介绍了十三家知名众创空间；《明星企业的逆袭传奇》介绍了马化腾、陈清州、高云峰、周剑等明星企业家的创业经历和对未来的规划；《从高知到企业家的蝶变》介绍了刘自鸿、盛司潼、汪之涵、黄源浩、陈宁等高层次人才的创业故事，总结出高知创业者死亡陷阱和"六大生存法则"；

《高管创业的基因解码》介绍了唐欣、李建成、古永承等从华为、腾讯、比亚迪、中兴通讯等大型科技企业出来的高管创业者，归纳出高管创业者的"制胜五式"；《草根创业逐梦令》采访了为草根创业者服务的深圳梧桐会负责人苗科学，以及刘培超、黄嵩、汤洋等草根创业者的创业历程，总结了草根创业的四个关键字。

这个项目的采访和撰写时间集中在2017年。2018年1月成稿后，因为部分企业又有了新的发展，通过和企业确认，相关信息更新至2018年6月。唯一更新至2018年10月的是腾讯创始人马化腾的资料。在2018年10月24日，全国工商联举行新闻发布会，发布由中央统战部、全国工商联共同推荐宣传的"改革开放40年百名杰出民营企业家"名单。马化腾入选该名单。

成功的故事人人爱讲，但是如果有人愿意跟你分享经历过的窘境，甚至失败，那一定是对你怀着莫大的信任。很幸运，在采访的过程中，绝大部分受访者都给了我这样的信任。例如，马化腾说，当年在求融资无望的情况下差点儿卖掉QQ。又例如，优必选创始人周剑说，为了研发人形机器人，卖掉了自己所有的房子和车子。再例如，大族激光创始人高云峰说，最初为了获得发展资金，出让了控股权。因为这样的信任，这套丛书的内容更加精彩，也更具借鉴意义。我发自内心深深感谢这些可爱又可敬的创业者。

在采访、撰写过程中，海天出版社的领导和相关人员也做了大量工作，用一个个振奋人心的消息鼓励我克服困难：2017年，"创客志：中国创业经典案例研究"出版项目被列入"十三五"国家重点图书、音像、电子出版物规划项目；2018年，该出版项目获得2018年度国家出版基金资助，入选广东省重点出版物暨"百部好书"，同时被列为广东省纪念改革开放四十周年重点选题。在萌生为创客写点儿东西的想法的时候，我从没想到我的愿望竟能以这么华丽的形式实现。我真的非常感谢海天出版社。

我们有幸生长在这样一个美好的时代，我们不能辜负这个时代和机遇。谨以"创客志：中国创业经典案例研究"丛书向这个时代、向每一位孜孜奋斗的创业者致敬。

杨柳

2018 年 10 月 26 日

前言

随着"大众创业，万众创新"热潮的兴起，2015 年，国务院又一次向国有科研人员抛出绣球，以保留体制内身份和保持原有待遇三年为优惠条件，鼓励他们离岗创业；另外，受全球经济危机影响，国外的工作机会越来越少，更重要的是，我国的经济发展风景这边独好，形成了吸引留学人员回国的"磁铁"效应，让一部分拥有博士学位的海归人才一回国即踏上创业的道路。于是，一大群拥有高学历的高知成为创业新军。社会上流传着创业者要经历九死一生的说法，而高知要成功创业，必然也有一些难关需要跨越。

那么，高知创业者应该避开哪些死亡陷阱呢？从成功的高知创业者身上，他们又能学习到哪些宝贵经验呢？

死亡陷阱

笔者曾于 2016 年春天采访中国科学院深圳现代产业技术创新和育成中心（简称"育成中心"）①。该中心自 2010 年运营以来，孵化了 100 多家科技企业，其中大多数是高知创办的企业。育成中心主任徐明亮一针见血地指出："大家都喜欢听成功的案例，而在育成中心这几年时间里，我看到死去的科技企业也有不少。我总结出高科技企业的五类典型死法。创业者研究失败的案例可以提

---

① 2009 年 3 月，中国科学院与深圳市人民政府在北京达成共建中国科学院深圳现代产业技术创新和育成中心的战略协议。同年年底，双方即投入资金 2500 万元，启动育成中心的建设。中国科学院希望利用深圳独特的市场优势，将其作为一个窗口，将科研成果源源不断地输送到市场中；而深圳市对于中国科学院的优质科研成果同样寄予厚望，希望能够借此在深圳发展一批新兴产业集群。2010 年 8 月，中国科学院深圳现代产业技术创新和育成中心隆重开业，中国科学院深圳先进技术研究院携 32 家高新技术企业正式入驻蛇口育成基地，总资产逾 12 亿元，成为国家发展战略性新兴产业的一支新军。

取失败的基因，避免在同一个地方再次掉进灾难的陷阱。"

据徐明亮介绍，第一类是长袖善舞型，即习惯在聚光灯下生活，到处讲故事，不好好经营企业，最后走向死亡。例如，A公司从事基于车载激光扫描的大规模城市场景三维建模，创始人是国外高校的海归博士，在该领域具有一定的学术知名度，但企业成立后没有专注于业务拓展，而是花了大量时间和精力参加各种高峰会议，醉心于忽悠投资商，公司内部基本没有经营团队。该公司2010年成立后，两年内没有一笔像样的业务收入，最后资金链断裂，于2012年正式进入破产清算程序。

第二类是患得患失型，即过度投入研发，市场开拓不足，造成资金紧张，团队溃散。例如，B公司是某研究所团队在2011年年底集体下海创办的，初始设计只是单纯的手机遥控机器人运动并实现视频呈现，是一款人见人爱的产品，但团队力求完美，生怕不能抓住用户痛点，产品由最初的两个功能发展到四大功能、八小功能，上市周期由半年延长到两年，人员规模由6人急剧扩展到近40人。至2013年年初资金链断裂时，该产品没有一项功能进入实际应用阶段，并且团队溃散，最后以低价转让公司控制权。

第三类是近亲繁殖型。例如，C公司的业务范围包括教育机器人、足球竞赛机器人、智能移动机器人、智能伺服电动机等，这些机器人被广泛应用于竞技、服务、娱乐、学习、研究等领域。创始人是名校毕业生，攻读硕士、博士学位时均从事与机器人相关领域的研究，有一定的企业经营经验。该公司由他和同学、朋友组建，引入投资后，其妻子担任公司副总经理，分管财务、行政、人事等工作，但一直没有建立有效的内部管理制度，全靠"自己人"维系。苛刻的"管家婆"大权独揽，团队成员因没有归属感而纷纷离职。该公司业务收入由最初的2000余万元[①]，一路滑到400余万元。

第四类是公私不分型。例如，D公司致力于智能化照明管理系统和节能光源的研究开发，旨在提升空间照明质量和降低照明能耗，主要产品是智能照明控制系统软硬件设备。其创始人刻苦耐劳、省吃俭用，虽然是公司的大股东，但是不明白公司姓"公"，家里缺钱的时候从公司拿，公司缺钱的时候从家里拿，虽然项目前景甚好，但由于基本管理制度混乱，每次到投资公司做尽职调查的

---

① 本书中无特别注明币种的"元"，均指人民币。

时候都不能过关，最后由于产品有缺陷、库存积压，而又没有得到新的资金注入，到了破产边缘。

第五类是闭门造车型。例如，E 公司的一个项目起源于国家大型网络监控项目，用于监测大型网络的 BBS、邮件等，科研人员以此项目为基础开始创业，面向电信、金融、航空等领域。现实中，大型网络更关注生产安全，而对其办公网络的通断、性能无刚需；生产网络更看重整体解决方案，对于网络的通断，市场上已有很多成熟产品。当这个公司明白市场需求的时候，资金已枯竭。

其实，孙陶然在《创业 36 条军规》一书中就归纳了技术专家创业容易陷入的四大误区：第一，技术自负。认为以技术决胜且只有自己的技术最佳，把技术等同于经营。第二，藐视管理。以技术概念理解管理，崇尚无序，拒绝规范。第三，独享心态。不认同产业链，妄图全部靠自己，信奉自力更生。第四，拒绝放权。只愿意自己把握航向、自己决策，不愿意放权。[①]

那么，拥有技术的专家创业时该如何才能避免掉进死亡陷阱呢？

生存关

"超过 42% 的企业死亡原因是需求不明确，也就是商业模式不清晰。"徐明亮说，"我总是建议创业者要写商业计划书，这不是给投资者看的，而是写给自己看的，因为写的时候会尽力梳理商业模式，从而有助于避免创业失败。"这是高知创业生存第一法则，即首先要确立清晰的商业模式。可以说，商业模式的清晰与否直接决定创业的成败。

数据质量管理技术是深圳市华傲数据技术有限公司的核心技术，然而，只有出现质量事故，用户才会真正重视数据质量的管理，因此相关的软件产品很难实现有效的销售，这对于依靠数据质量管理技术创业的华傲数据来说肯定是不利的。那么，如何把这个有大用途的产品卖出去呢？贾西贝反复思考摸索新的商业模式，最终提出将数据技术与数据资源结合在一起来获取价值，并且把目光锁定在金融行业和政府这两个领域。这一市场策略的调整，为华傲数据打开国内市场奠定了基础。 2015 年年底，华傲数据把共享经济理念引入数据生产中来，每一个人都可以成为数据采集员，创造性地推出了国内首款基于 LBS（移动位置服务）的社

[①] 孙陶然：《创业 36 条军规》，中信出版社，2015 年，第 38 页。

会数据众包应用程序"随手赚";后来,受"蚂蚁金服"产品的启发,华傲数据开发了"随手借"应用程序。这些商业模式的创新,让华傲数据脱颖而出,不仅在销售市场上捷报频传,而且在资本市场上获得了大额投资,从而为未来能站在更高位置、占有更多数据资源进行业务拓展赢得了机会。

贾西贝说:"商业模式创新有时比技术创新更重要。商业模式其实就是你如何能赚到钱。如果没有找到商业模式,技术再牛也白扯,创业只能是死路一条。"

六大"生存法则"

高知创业要避免掉到创业路上的各种陷阱里,不能忽视以下六大"生存法则"。

第一,找到好的商业模式,给企业确立清晰的业务方向。关于这一点,前文已详细介绍过,此处不再赘述。

第二,拥抱成功,更要拥抱失败,接受"创业是不断试错的过程"这一观念。北京诺亦腾科技有限公司是美国约翰·霍普金斯大学博士刘昊扬创办的,该公司是全世界用户量最大的动作捕捉系统提供商。刘昊扬说:"创业不会一开始就知道该做什么产品,也不知道哪个市场机会最大。只有不断地去闯、去试,才知道哪条路不通或者不好走。只有知道了走不通的路,你才能知道哪条路走得通,也才能最终走得越来越顺畅。"由此可见,创业其实就是不断试错的过程,所以不要害怕失败,甚至还要拥抱失败,从失败的经验中大胆寻找下一个机会的窗口。

第三,不断学习,打破成规,尽量成为全才。深圳华因康基因科技有限公司是美国弗吉尼亚大学博士、教授盛司潼创办的,这是他人生中的第一次创业。"第一次创业或多或少都会带着天真,或者说是对创业的无知。因为对创业过程的艰难还没有充分认识,就一脚踩进这条河。但创业会遇到的艰难困阻,不会因为你的天真而有所减少,相反,会有更多。因此,对首次创业者来说,一定要保持学习的心态,要做好准备,不断地学习,学习每个阶段不同的东西,提高自己的综合能力,包括待人接物、商务谈判、市场推广等各方面的能力,这样才有可能避免成为创业失败者。"也就是说,选择创业就像是参加十项全能比赛,不仅要解决企业的发展战略、技术方向问题,还要解决公司的管理、销售、队伍建设等问题。所以,不断学习、善于学习的能力,对于创业者来说是非常重要的。

第四，善于洞察市场机会，学会随机应变。对于长期从事技术研究的人来说，要变身为优秀的创业者，最重要的一点是具备捕捉市场机会的能力。具体来说，就是洞察市场的需求，设计适合的产品。科研更多的是技术攻关，而商业关注的是用户需求是否得到满足。科研需要研发三年至五年，甚至十年后的新技术，否则难有学术和理论价值。但创业非常现实，必须考虑当下能否开发出实际的、能够落地的应用与产品，能否满足客户的直接需求，能否在较短的时间找到相对廉价的（不一定是最好的）解决方案，能否实现可交付的工程能力及运营维护能力，能否找到合适的商业模式及市场切入点。这些问题对于科研人员而言都是挑战，需要转换思维。张帆博士领导下的深圳北斗应用技术研究院有限公司就是典型的例子，不论是与华视合作，还是与深圳巴士集团、滴滴出行合作，都用自己拥有的技术积累和数据资源迅速切入，抢占商机。从公交到地铁，从行业监管到商业应用，北斗研究院已用交通大数据成功掘取了第一桶金。

第五条，意志坚定，不随波逐流。选择走技术创新道路，需要特别坚定的信心。深圳云天励飞技术有限公司（简称"云天励飞"）是美国佐治亚理工学院电子工程博士陈宁于2014年夏天创办的。在创业初期，陈宁找投资商谈他的创业方向时，竟没有一个人赞成。投资商对人工智能技术是否成熟表示怀疑，还提出很多方面的担忧和疑问，但陈宁没有因此放弃或改换创业方向，而是坚持自己的信念，义无反顾地扛了近一年的时间，花掉了自己100多万元。经过一年半的"打磨"，云天励飞于2016年研发出第一代基于人脸识别和视频大数据的视觉智能系统云天"深目"，并在深圳市龙岗区上线，实现了全球首创"亿万人脸、秒级定位"。2016年下半年，深投控领投，松禾资本跟投，云天励飞获得数千万美元的注资，公司估值数亿美元。可见，对创业者而言，坚定的信念是非常关键的因素。

第六条，学会与投资商打交道。现代企业面临的是一个全面竞争的市场，创业者首先要了解资本、吸引投资、用好资本；其次要转变心态，把投资人当成事业路上的合伙人，当成自己的导师，取长补短。学会与投资人打交道，一方面是善于推销自己，吸引到好的投资；另一方面是善于与投资人相处，获得投资人的一些资源，包括投资人投资的其他企业，这些都是天然的合作伙伴。值得注意的是，创业者在融资的时候要注意保护自己，避免掉进陷阱，对于条件不好的投资宁愿不要。资本是把双刃剑，什么时候融资、该接受谁的投资是一门学问，善于和资本打交道，是优秀创业者的必备能力。

目录

刘自鸿：深圳首位"全球青年领袖"

2017 年 3 月 15 日，总部位于瑞士日内瓦的世界经济论坛（World Economic Forum）公布了 2017 年"全球青年领袖"入选名单，100 位入选者中有 9 名来自中国。深圳市柔宇科技有限公司（简称"柔宇"）创始人、董事长兼 CEO 刘自鸿博士名列其中，成为深圳历史上首位入选者。

"80 后"刘自鸿 2012 年在美国硅谷、中国深圳和香港同步创立柔宇。至 2018 年 3 月，柔宇先后获得国内外著名风投机构的六轮投资，估值突破 35 亿美元，成为全球成长最快的独角兽①科技创业公司之一，并在国内外储备了超过 1700 项核心技术知识产权。由于在科技创新创业方面的突出成就，刘自鸿于 2015 年入选福布斯"2015 中美十大年度创新人物"等。

"思想就像墙面的钉子，打得足够深才挂得了重物。"这是刘自鸿 2017 年 1 月在微信朋友圈里发的一句话。这句话既显示他对思想深度的追求，也显示他希望拥有超强抗压的能力，这恰恰是一名优秀创业者所必须具备的两大特质。这位"学霸"级的年轻人，在深圳这片沃土上成长为中国新

---

① 指估值达到 10 亿美元以上的初创企业。

一代科技创新创业的代表性人物。他的成长历程会给后来者什么启迪呢？

问题其实就是机会

刘自鸿少年时曾经获得全国奥林匹克物理和化学竞赛一等奖，17 岁成为江西抚州理科高考状元，而后是清华大学十佳优秀研究生，以及美国斯坦福大学罕见的入学不到三年即取得博士学位的毕业生。他发自肺腑地说："清华大学'行胜于言'的校风、严谨务实的精神，斯坦福大学'自由之风永远吹拂'的校训、鼓励创新的氛围，都是我的丰富养分。"

在清华大学读本科的时候，刘自鸿就已经是有多项科技创新成果的小发明家了。大二那年，一次参加艺术团的演出时，舞台上的灯光过于耀眼，刘自鸿请灯光师调了一下，结果又变得太暗，如此反复几次才达到理想状态。当时，他就想，为什么不把灯光调节系统做成自动的，设定好参数，感受光的强度自动调节不就可以了吗？于是，他就利用自己所学的知识，制作了一套自动光强调节系统，参加清华大学的"挑战杯"竞赛并获了奖。

刘自鸿在柔宇科技硅谷办公室

2003 年，刘自鸿更是凭借"人体生物智能传感及应用系统"，一举夺得第八届"挑战杯"全国大学生课外学术科技作品竞赛个人特等奖、全国总冠军。那一年，刘自鸿年仅 20 岁。这套系统的创意来源，非常有意思。出生在南方的刘自鸿，小时候冬天睡觉时习惯用电热毯。可是电热毯开的时间久了，温度就会过高，刘自鸿经常被热醒，而把电热毯关掉后，不久又会感觉很冷，要再醒来把它打开，一个晚上要这样折腾很多次，所以总是休息不好。可不可以用一种技术使电热毯自动调节温度呢？为了验证这个想法，刘自鸿到图书馆查阅了大量资料，并研读了许多关于生命科学的图书。最后，问题的关键集中到用什么来感知生理特征的变化上。经过钻研，喜欢创新的他决定用一种全新的方法来实现想法。"这种自动生物调温要不同于传统空调的定温，它能利用电子技术检测人体生理状态的变化。"随后，刘自鸿进行了更加深入的研究，设计了一种新型的手腕穿戴式半导体传感系统。刘自鸿当时也没有想到，十年之后，可穿戴电子产品竟成为国际上最受追捧和关注的产业之一。

几次参加创新大赛的经历让刘自鸿渐渐懂得，发现生活中的问题，并用专业的知识去解决它，才是创造价值的有效方式。即使到了今天，他也常常告诫团队成员："有了问题不要抱怨，问题其实就是机会，解决问题其实就是在创造价值。"

2006 年，刘自鸿同时拿到剑桥大学和斯坦福大学的录取通知书，一个是有着近 800 年历史的英国老牌名校，而且罕见地为他提供了奖学金；另一个是以科技创新见长的美国大学。面对选择，刘自鸿把自己关在宿舍里思考了一个星期，并在"水木清华"BBS 上发帖寻找帮助。一个未署名的陌生人给他写了一封四五千字的回信，最后的建议是：如果想做科技创新，就去斯坦福；如果想做理论研究，剑桥是很好的选择。正是这封信，让刘自鸿坚定了去斯坦福攻读电气工程学博士的想法。"人生真的很奇妙，一个不认识的人，有时候会改变你的人生轨迹。人生总是存在一些偶然性。"刘自鸿回忆说，"美国源源不断地有引领世界潮流的科技成果产生，这是什么原因呢？我也很感兴趣，想去斯坦福大学实地了解一番。"

到了斯坦福大学，刘自鸿听到的第一句话是"自由之风永远吹拂"。

他说："这是一句很朴素的话，却代表了创新的核心精神，鼓励你大胆地想象、自由地创造。在斯坦福的校园里，几个朋友坐在一起聊天，某个人提出一个新想法的时候，常常听到同学们反馈的第一句话是'Sounds interesting'（听起来很有趣），而不是'这不太靠谱吧''这太遥不可及了吧'。这对提出新点子的人来说，很有鼓励意义。斯坦福对我的影响非常深远，我喜欢原创思想和独立判断，不喜欢人云亦云，也不喜欢墨守成规。所以，当斯坦福电子系的教授们把已有的研究课题放在网上要我们选择，而我没有选到自己感兴趣的课题时，就自己提出了一个新的方向。"

在刚去斯坦福的第一个月，刘自鸿常常躺在学校的大草坪上，一边仰望加州的蓝天，一边开始天马行空地想象。"我当时想，未来做什么事情好呢？我当时特别想做一件可以持续地做下去的事情。我想，在人类感知自然的过程中，五官一直起到非常重要的作用，其中，视觉信息又占了最大的比重。因此，视觉显示技术是一个长久而又在未来有巨大价值的领域。在视觉显示技术上，人类先是靠太阳，后来有了日晷、石头刻字、烽火台和现代的电影电视等，不断冒出新东西，这是人的本能追求使然。在视觉显示技术领域，这种本能追求体现为便携性和视觉愉悦感，人们希望在任何地方都能看到美的东西。然而，目前的视觉显示技术存在一个主要矛盾：高清大屏幕和便携性之间的矛盾。"

"我有个习惯，遇到问题喜欢去看历史。今天好像是一面镜子，能看到多远的历史，就能看到多远的未来。"刘自鸿想，如果大屏幕可以变得像纸一样薄，甚至可以卷起来带走，就解决了视觉显示技术面临的这一难题。于是，他决定以"柔性显示"作为自己的博士研究方向。

然而，由于缺乏资金支持、技术指导，刘自鸿的"自选项目"给导师出了一个大大的"难题"。年近70岁的白发苍苍的导师对刘自鸿说："我很惊讶你提出的想法，你是第一个自己提出全新方向的学生，我很赞赏你的勇气！但这是一个全新的方向，我也没做过，可能无法给你指导。你可以比较详细地写下设想吗？"按照导师的要求，他把自己的想法和计划写到一张纸上。幸运的是，这位曾在著名工业企业德州仪器担任CTO^①的导师支持了他的想法，并为他争取到10万美元的研究经费。

刘自鸿说："在清华，'行胜于言'的校风让我学会脚踏实地，而斯坦福'自由之风永远吹拂'的校训也让我受益匪浅。后来在创办柔宇的时候，我就正好把二者结合起来：一方面，我们要源源不断地有'从0到1'的科技创新成果；另一方面，要把概念变成产品，再变成商品，最后变成广泛使用的日常用品，用科技创新让世界变得更美好。"

创业只是盯着钱，一定会"死"掉

只用了不到三年时间，2009年，刘自鸿就拿到斯坦福的博士学位。毕业后，刘自鸿进入IBM位于纽约的全球研发中心，在这家老牌的科技企业工作了近三年。其间，他对柔性显示的想法和激情从没有减退。"一直都像打了鸡血一样，对柔性显示心心念念，没有放弃过，但当时创业条件不成熟，所以就先就业，在IBM学习美国科技公司的管理理念和经验。"

2012年3月，刘自鸿从IBM辞职，开始组建创业团队。他回忆说："一次，我在美国纽约开车的时候想，公司名字叫什么好呢？一方面，柔性显示中，'柔'字博大精深，中国文化讲究以柔克刚；另一方面，我们期望让柔性显示无处不在，于是就用'宇宙'中的'宇'来代表这层意思。所以，公司名字就叫'柔宇'吧！"

---

① 首席技术官（Chief Technology Officer）。

　　同年 8 月，柔宇在美国硅谷、中国深圳和香港同步成立，先后获得一批国内外知名风险投资机构数亿美元的投资。刘自鸿说："我们当时选择在美国硅谷、中国深圳和香港同步创立公司，主要是考虑硅谷有我们需要的人才和研发资源，深圳的研发人才和配套的产业链也非常重要，香港则具有对接国际供应链和市场的自由化平台。比如，我们现在所做的显示产品、智能终端产品，需要配套的产业链其实非常多，而硅谷并不完全具有这些资源。"

　　公司成立之初，刘自鸿每月往返深圳和硅谷，甚至在朋友家睡了三个月的地板，工作到凌晨两三点钟是常有的事。"当年在美国工作收入还不错，创业后第一年的月薪变成 3666 元，还是自己特意选择了一个吉利数字。我们创业不是为了追求身家或者财富多少，我们希望的是用技术创新来解决产业中最核心的使命问题，为社会带来更简洁、更便捷的产品，不断创造核心价值，其他的，就顺其自然吧！在正常情况下，大家的付出自然会有公平的回报。如果创业只是盯着钱，就一定会'死'掉。"

　　创业的艰难远远不止在物质层面。在技术层面上，要攻克柔性显示屏更是困难重重。与液晶屏不同，柔宇研发的柔性显示屏是要在一个极薄的薄膜上做出千万个晶体管，再把发光的材料做上去，这对技术和工艺的要求都非常高。用刘自鸿的话说，"这就像在豆腐上盖一栋大楼"。

　　两年后，柔宇成功推出厚度只有 0.01 毫米的全球最薄的可折叠、可卷曲的柔性显示屏。目前，柔宇的产品包括柔性显示屏、柔性传感器、智能终端产品三大系列，目标客户包括企业级用户和普通消费者。那么刘自鸿为何要做全产业链的布局呢？在上述三类产品上，柔宇有哪些新的技术成果推向市场？

　　刘自鸿说："彩色柔性显示屏是柔宇的核心技术，也是公司研发的第一款产品，后来由于柔性显示需要传感技术的支撑，而我们当时在市场上没有找到成熟的产业配套，就只好自己独立研发柔性传感器技术，这也就是公司推出的第二类产品。"

位于深圳市南山区的柔宇展厅里，陈列着打破世界纪录的新型超薄彩色柔性显示屏，其厚度仅有 0.01 毫米，卷曲半径仅有 1 毫米，其中涵盖新型电子材料的开发、高性能高稳定度的微纳米电子器件结构设计与工艺开发、新型显示背板工艺及生产流程优化、柔性电子集成电路设计、软件控制系统开发等多个交叉领域。因其超薄、轻便且富有柔性，可应用于消费电子、智能交通、智能家居、运动时尚、建筑装饰等多个领域。例如，在消费电子领域，可应用于新型智能手机、平板电脑、可穿戴设备等。

"我们的最初设想是把柔性显示技术直接提供给终端产品厂商，但发现传统的厂商对这类崭新技术的接受和理解需要一个过程，于是就把终端产品解决方案尽可能完整地做出来，加速产品化这个过程。这有两个作用：一是直接带来市场销售；二是为新兴产业打开一条通路，引导企业级客户更清晰地看到柔性显示技术的具体应用方向。所以，我们成立了一家子公司——柔宇电子技术有限公司，针对消费电子、智能交通、智能家居、运动时尚、建筑装饰等几大领域厂商提供终端产品解决方案，同时也发布了自主品牌的 VR[①] 终端产品。"

2017 年 1 月，柔宇在 CES[②] 上首次发布可卷曲穿戴手机原型——FlexPhone™。这是柔宇首款可搭载柔性显示屏和柔性传感器的可卷曲穿戴手机原型，可缠绕在手腕上随身佩戴，也可拉直成传统手机，目的是希

①　虚拟现实（virtual reality）。

②　国际消费电子产品展（International Consumer Electronics Show）。

望部分解决大屏与便携的矛盾，让手机进入可穿戴时代。FlexPhone™获得由 CTA[①] 评选的国际级创新技术奖项——2017 年度 CES 创新大奖。在 2017 年的 CES 展会上，柔宇发布多款终端新品，其中柔性电子智能背包获 2017 年 CES "健康运动生物科技" 创新产品国际大奖。2017 年 3 月，柔宇凭借 3D 头戴影院 Royole Moon™（柔宇明月）荣获欧洲产品设计大奖金奖。

进入 VR 头戴显示终端领域，缘自刘自鸿一次非常偶然的经历。2013 年 11 月 3 日晚，他为了准备在斯坦福大学的演讲，连夜赶做演示文稿时，因为太困，脸不小心碰到电脑屏幕，突然间看到屏幕上的字大了许多。他灵光一闪：柔性显示是通过物理变形才解决便携与大屏的矛盾，能不能另辟蹊径用光学变形解决这个问题？

后来，他立即组织了一个代号为 "007" 的七人团队，自己做项目经理，把消噪耳机与显示屏结合在一起，历时近两年，研发出一款无线头盔产品。2015 年 9 月，柔宇发布了全球首创可折叠式超高清 VR 智能移动影院 Royole-X，通过巧妙的产品外观设计和结构设计，首次艺术性地将超高清大屏显示与立体声头戴消噪耳机完美融为一体。

Royole-X 的显示屏分辨率高达 3300 像素，涵盖了顶尖的硬件电路设计、消噪声学工程设计、产品艺术设计、机械结构设计、光学结构设计、无线通信设计，而且使用全新定制的柔宇智能操作系统 Royole-XOS。

2016 年 9 月，柔宇发布 3D 头戴影院 Royole Moon™，构建了一种 "如影随形" 的全新观影方式：800 英寸的 3D 弧形巨幕、可自由调节的尺寸；由柔性电子控制的智能操作系统 Moon OS 能自动识别 2D/3D 内容资源。

---

① 美国消费技术协会（Consumer Technology Association），CES 的所有方及主办方。

刘自鸿透露："我们在深圳市龙岗区新建的生产线主要负责生产柔性显示屏，总投资将近110亿元，主要是面向类似消费电子之类的中小尺寸柔性显示屏。因为这一块的市场需求很大，包括很多大的手机厂商，现在都开始全面转向柔性、曲面显示屏，柔性电子已是大势所趋。这对我们而言也是一个好消息，表明大家都已经认可柔宇这么多年来一直在努力推进的柔性显示的发展方向，但同时也需要行业快速提升产量，否则将无法满足市场需求。所以我们2015年10月就决定建立自己新的全柔性显示屏生产线，将产能提高到每年5000万片，以初步满足手机、消费电子产品等主流需求。新的生产线投产后如果满产，柔性显示屏的一年产值将为180亿~200亿元。"

2017年，柔宇在业界首次提出了"柔性+"理念，即柔性电子作为平台型技术，能广泛应用到各行各业，与人工智能和万物互联将深度融合发展。目前，柔宇科技的柔性电子技术已经陆续与各行各业的企业建立了合作伙伴关系，并通过B2B与B2C模式不断推出新的量产产品进入市场。"柔性+"正在逐步走入人们生活的方方面面，并广泛应用在消费电子、智能交通、智能家居、运动时尚、教育办公、机器人等多个行业，为用户带来全新的产品和体验。

截至2018年3月底，柔宇拥有来自15个国家的1700多名员工，公司发展进入快车道。

谈到自己欣赏的商界巨子，刘自鸿坦言，他比较欣赏苹果教父乔布斯、特斯拉创始人埃隆·马斯克和华为的掌舵者任正非。"他们对科技创新非常执着，有独立的思想，对产品精益求精。正是这些勇于创新、勇于冒险的企业家们推动了社会的进步，他们身上的精神特质很值得我们学习。但世界上没有完全相同的两片树叶，每个人的基因和成长经历都不一样，各有特点，无须模仿，我们要做的是不断学习优秀公司的优点，结合自身的特长、产业环境、实际情况，塑造独特的自己和企业文化。"

自带光芒，向阳生长

2017 年 3 月 15 日，总部位于瑞士日内瓦的世界经济论坛公布了 2017 年"全球青年领袖"入选名单，刘自鸿名列其中。评委会给出的入选理由是：他所创立的柔宇科技有限公司是全球柔性显示、柔性传感、虚拟现实显示及相关智能设备的领航者，是全球成长最快的独角兽科技创业公司之一。

世界经济论坛是一个独立的国际机构，"全球青年领袖"是该论坛的一个重要奖项，选拔范围涵盖了政界、商界、学术界、文艺界、媒体、非营利组织等，选拔标准是：在各自领域取得非凡成就，具有一定的影响力和领导经验，有服务于社会的强烈意愿，希望用自己的才华解决世界正面临的最具挑战性的问题。

"在遴选全球青年领袖时，我们看重候选者在专业领域的突破性成就、创造性解决问题的能力、跨文化交流的能力和跨界合作的能力。我们期待他们以创新方式去应对当下全球经济与社会中存在的各种问题。"世界经济论坛"全球青年领袖"社区负责人约翰·达顿表示。

世界经济论坛"全球青年领袖"社区目前拥有 800 多位成员，新当选者将在接下来的五年任期中，通过世界经济论坛平台交流合作，为解决全球面临的各种挑战做出努力。2017 年"全球青年领袖"的当选者包括英国前首相戴维·卡梅伦、阿里巴巴集团董事局主席马云、谷歌联合创始人兼首席执行官拉里·佩奇、网易董事局主席兼首席执行官丁磊、滴滴出行总裁柳青、知名演员姚晨等。

刘自鸿说："我之前并不知道这个评选活动，直到 2016 年下半年，世

柔宇 2016 年首次亮相美国 CES

界经济论坛的一个朋友跟我说'你去参评全球青年领袖特别合适'。可能大家之前看过一些关于我的报道，于是推选了我。要不是因为他把评选信息发给我，我都不知道这个事情。我们也不清楚具体的评选过程，应该是比较严格的，没有对外公开。直到名单发布前几个月，我才得知被选上了。他们通过世界经济论坛给我发消息，通知我入选了。获得这一殊荣，我感到非常荣幸。我认为这个奖项特别注重国际视野，并关注国际社会面临的难题。这一点和其他很多奖项都不太一样。它希望年轻一代能够通过自己的专业知识、创新能力以及社会资源，共同解决国际社会的难题。"

其实，早在 2015 年，刘自鸿就去大连参加过世界经济论坛，知道世界经济论坛本身就是一个非常国际化的平台，全世界最主要的国家基本都在这个平台上。"这个平台上有来自科技、商业、政治、文体等各行各业的人才。能够从各个角度共同探讨社会面对的最紧急的问题，共同思考、讨论解决方案。它的目标就是希望通过各行各业的协作来共同解决人类社会每个阶段面临的关键问题，使得社会变得更加美好。我认为这一理念跟柔宇的使命是不谋而合的。"刘自鸿说，"柔宇的初衷是希望通过技术创新，让人们更好地感知世界。我们是站在国际的视角去创立这家公司的，这跟世界经济论坛的大使命是一样的。能够成为深圳第一个获此殊荣的人，我既感到惊喜，也感到荣幸。创新、务实、开放是深圳的城市文化。在深圳，有很多优秀的年轻企业家以及科技工作者，他们为深圳、为国家带来了很多新能量。可能是我比较幸运，这一次正好作为科技界的一个代表入选了'全球青年领袖'，这也说明了世界经济论坛对于科技领域的重视。"

虽然柔宇现在被看作引领国际创业潮流的中国企业代表，但刘自鸿认为公司才刚刚出发。他仍然保持着每天早上 6 点来到公司的习惯，几乎每天都工作超过 16 个小时，几年来往返中美的飞行旅程超过 100 万公里。面对媒体的褒奖，他曾默默地对自己说："我们反复告诫自己，无论顺境还是逆境，都必须坚定地保持冷静、专注、务实。但凡沾沾自喜的时候往往是困难来袭的开始。柔宇现在还只是一家成立四年多的创业公司，任重道远。企业成功的唯一标准，就是能不能为社会创造真正的价值并被用户和市场所接受。"

"受得了委屈，熬得住寂寞，经得起诱惑；无论酷暑寒冬，暖春凉秋，自带光芒，向阳生长。"这是刘自鸿自立的路标，也是他不忘初心、砥砺前行的写照。

【创业心路】

做喜欢、擅长、有意义的事

刘自鸿

创业不是一件容易的事情，创业道路上充满艰难险阻，那么如何才能在创业的道路上坚持下去呢？我认为，坚持做自己喜欢的、擅长的事情，而且这件事情对社会确实是有意义的，那么创业者才能克服种种困难，坚持不懈。

做自己喜欢做的事情，才不会觉得枯燥，在奋斗的道路上会因为有很多快乐而扛住各种磨砺和挑战。有人问我，读博士那么枯燥，你怎么坚持下来的？其实我从不觉得苦，从没有倦怠过，而是有一种快乐的充实感。当你有了目标之后，你的生命就被赋予了新的含义，根本没有时间去懈怠。所以，获得博士学位对我来说不是一种刻意的追求，而是因为喜欢一种东西的自然而然的结果，创业也是同理。无论是小企业还是大企业，都会遇到各种各样的困难。即使是上市企业的老板，每天同样是如履薄冰。因此，只有做自己喜欢做的事情，才能有激情创业，并自得其乐。

除了感兴趣之外，还要做自己擅长的事情。因为有基础、有积累，才能比其他人做得好。如果只是自己喜欢，但并不擅长，那么创业是很难成功的。

你创业所选择的方向一定要对社会有价值、有贡献。如果你做的事业可以让世界变得更美好，有正向的价值，那么你就会从中找到坚持的意义，不会轻易放弃。柔宇的目标是"通过技术创新让人们更好地感知世界"，我认为做这件事情非常有意义，所以乐此不疲。

这是我认为创业最重要的三点。做到这三点，在创业过程中不论面对什么困难，都会有办法挺过去。因为我们不是为了外部的荣誉而战，也不容易因为遭受他人的质疑或嘲讽就动摇信心。我们是为了内心所喜爱的、对人类有价值的事业而奋斗，因此才可以坚持不懈地走下去。

【创业法则】

创业者的特质

刘自鸿一再强调"创业不是一件容易的事情，创业道路上充满艰难险阻"，这也是很多创业者共同的心声。创业是一场旷日持久、艰苦卓绝的战斗，我们往往只看到一些创业者的成功和喜悦，其实他们背后的坚持、失败的屈辱、痛苦的抉择，都不是外人所能理解和体会的。

在刘自鸿身上，创业者的特质是那么明显：他目标高远，意志坚定，心胸开阔，善于学习，而且具备高情商，凝聚了一批愿意追随自己的人才。

刘自鸿的经历和心路历程告诉我们，即使是具有高学历的专业人才，在开始创业之前，也要首先问自己是否具备创业者的能力和特质。拥有一定的技术积累和专业技能的人才，如果不具备创业者的特质，创业的成功率就不会很高。

柳传志先生讲过，成功的领军人物应具备四个素质：（1）目标高远，意志坚定。（2）心胸开阔，情商要高。（3）企业利益放第一位。（4）学习能力强，爱学习而且会学习。[1]

据统计，美国新创公司存活 10 年的比例仅为 4%。第一年以后破产的占 40%，五年内破产的占 80%，存活下来的 20% 在第二个五年中又有80% 破产。哈佛商学院的研究发现，第一次创业的成功率是 23%，而已经成功的企业家再次创业的成功率略高，但也只有 34%。可见，创业是一件很难的事，创业要比打工难十倍，创业的风险要比打工大百倍。[2]

---

① 孙陶然：《创业 36 条军规》，中信出版社，2015 年，第 12 页。
② 孙陶然：《创业 36 条军规》，中信出版社，2015 年，第 7 页。

【人物档案】 ♀ 刘自鸿

刘自鸿，柔宇科技有限公司创始人、董事长兼 CEO。先后荣获 2013 年 DoNews（国内领先的 TMT 社交媒体）中国互联网颁奖盛典"年度最佳创业者大奖"、2014 年中国杯蓝色盛典十大"逆锋"骑士勋章、2014 总裁俱乐部年度新锐力量奖、2015 年度"深圳市青年科技奖"、第二十届"中国青年五四奖章"等，入选福布斯"2015 中美十大年度创新人物"、2015 年香港"十大国际青年创客"、2016 年《创业家》杂志评选的"35 位 35 岁以下创业精英"、2016 年"中国商业最具创意人物 100"、世界经济论坛 2017 年"全球青年领袖"、《麻省理工科技评论》2017 年度全球"35 位 35 岁以下创新者"等荣誉。

盛司潼：奔跑在基因测序领域的逐梦人

在 2016 年亚太地区最大的医疗器械展会上，临床专用高通量第二代基因测序仪器隆重亮相，这是由深圳华因康基因科技有限公司（简称"华因康"）研发的最新产品，填补了我国临床高通量基因测序仪领域的空白。

鲜为人知的是，这一填补国内空白的高端医疗设备，凝聚了华因康创始人盛司潼博士八年的心血。2008 年，他创办了华因康公司，落户在深圳南山区，孜孜以求地追逐着基因测序仪国产化的梦想。如今，他不仅梦想成真，还将基因测序仪器的价位从数万元拉到千元级别，让基因测序得以服务寻常百姓。

"通过对血液或者组织中微量 DNA 的高通量深度测序解析，10 个小时仪器测序后即可获得个人基因信息，医生可据基因信息分析结果辅助诊断疾病，进行个体化的治疗和用药，这就是精准医疗最关键的核心技术。"盛司潼如此解释基因测序技术。随着肿瘤发病率逐年上升，以基因测序技术为基础的精准医疗越来越成为预防、治疗肿瘤的重要手段。

长着一张娃娃脸的盛司潼，显得年轻而富有活力。他为何放弃海外安稳富足的生活，回国开始艰难的创业之路呢？

这会是一件真正有意义的事情！

盛司潼 14 岁就考进清华大学物理系，是个名副其实的"小神童"。他说，其实在幼年的时候，他就产生了学医的理想。儿时见到外公因为患有肾结石而无比痛苦，他就希望自己能学医，可以帮助亲人解除病痛。最初，他进入清华大学读的是物理系，为了学医的梦想，19 岁那年，他毅然赴美国约翰·霍普金斯大学医学院读书，圆了医学梦。以兴趣导航，从硕士到博士，盛司潼一路成绩斐然，博士毕业后在弗吉尼亚大学医学院当研究员。

时间飞逝，盛司潼在美国一待就是 16 年。2007 年，他开始隐约有了将先进技术带回国内转化为产品的想法。在美国的医学院潜心做科研的那几年，盛司潼获得了许多基因测序领域的核心发明专利，甚至一度有美国的医药企业想要斥巨资购买他的专利。但当看到国外基因测序正在快速发展，而国内无论是技术还是市场都还处于初始阶段时，他毅然决定回国，把自己所掌握的先进技术转化成真正服务于中国临床医疗的产品，更好地辅助疾病的诊断和治疗。那时的他心中所想的是，这会是一件真正有意义的事情！

当时，国家中组部开始从海外引进顶尖优秀人才，盛司潼想要抓住这次回国的机会。于是，他决定先回来看看。

我非常幸运地选择了深圳

盛司潼和五六个同事同学回到了国内，他们先后到北京、上海考察，还在上海注册了公司，但后来他发现"深圳的创业氛围非常好"。

盛司潼回忆说："2008 年春节刚过，我们就到深圳高新区考察，向高新办（深圳市高新技术产业园区领导小组办公室）副主任张恒春谈起我们的成果。他很快就懂得了我们是做什么的，还说基因测序设备和试剂是基因检测产业的上游，深圳正需要这方面的原创技术和团队。才见一面，张主任就力邀我们留在深圳，还开车带我们去考察留学生创业园。当时留学生创业园已经没有可出租的场地，张主任立马决定腾出一间办公室给我们。一场谈话之后，我们在一个小时内就决定留在深圳创业。"就这样，华因康在南山科技园留学生创业大厦一间小小的办公室里成立了。如今，他们的团队已有 200 多人，在基因测序领域获得国内外专利近 400 项。

"几年来，我多次对媒体朋友讲述这段经历。张主任对生物医药产业技术理解很深刻，执行力也超强，给我留下了非常深刻的印象。这是深圳良好创业氛围的一个佐证。在深圳，我的生活圈子里有很多归国创业的朋友，大家都能聊到一块儿去。这和北京、上海不同。北京多国企，上海多外企，但深圳的民企更有创新的活力。"盛司潼坦诚地说，"我非常幸运地选择了深圳。在我们创业的早期，距离产业化还有很大一段距离，当时的深圳市科技局给了我们 50 万元的创新企业资助。后来，我们入选了科技部火炬计划，又获得了更多资金支持。深圳市各级领导多次到现场视察，让我看到了深圳市政府对高科技行业的重视。他们是真心帮扶企业，为企业快速走上正轨添油助跑。"

让科技走入人们的生活

盛司潼说："在创业之后，思维方式和以往都不一样了。我过去只是单纯地做科学研究，而创业之后除了潜心科研，还要思考怎样将一家公司运营得更好，做出既接地气又有技术含量的产品。"他清楚地知道，在 2008 年之前，基因测序设备的制造在国内尚属空白，我国上游基因测序的设备和耗材供应基本为外资企业所垄断，关键技术长期掌握在以亿明达 (Illumina)、赛默飞世尔（Thermo Fisher Scientific）为代表的欧美基因测序设备及试剂耗材生产商手上。要想打破这个技术垄断，不花费大力气投入研发可不行，必须全力以赴。犹如求学时期一样，盛司潼的人生仍然以快人一步的速度奔跑着。

盛司潼在 2016 年华因康基因卫星会上

创业早期，哥哥盛江曾帮助过盛司潼一段时间，负责行政等支持性事务，让盛司潼可以潜心做新产品技术的攻关，帮助盛司潼度过了回国初期的水土不服阶段。2012 年，公司逐渐走上轨道后，盛江淡出，华因康也逐步引进了专业的管理团队。

在技术积累的基础上，成立的第一年，华因康就推出了第一代高通量基因测序仪，在国内引起轰动。因为这台测序仪，华因康一夜成名，很快被科技部选为"中国企业创新基金重点项目承担企业"。此后几年，盛司潼及其团队就一直进行测序平台的优化和改良，让它更适用于临床。虽然没有马上实现市场销售，但他一直坚持着。

幸运的是，在这期间，华因康得到国家"863 计划"等项目的大力支持。2010 年，华因康研发团队获得首批"广东省引进海外创新科研团队"称号。2011 年 3 月，盛司潼带领的高通量基因测序系统研发团队获得深圳市政府 3000 万元的财政资助。"可以说，华因康是深圳生物产业发展的一个缩影。"盛司潼不无感慨地说。在引进人才时，深圳市政府非常具有前瞻性，把人才与产业共性关键技术攻关相结合，以攻克产业共性关键技术为目标，加速重大创新成果产业化，打造新的经济增长点，在有效提升产业竞争力的同时，更将深圳推上了国家级前沿科技潮头。近年来，深圳大力发展战略性新兴产业，尤其重视通过引进海外高层次人才的核心技术带动产业发展，而华因康的成功模式反映出深圳战略性新兴产业迅速崛起背后的政策性因素。

盛司潼难掩自豪地说："这几年里，我们团队最大的成果就是从创新科研走到临床应用，打通了从科研到产业链这条路。"2014 年 12 月，由盛司潼团队自主研发生产的国家重点新产品、中国首创的高通量基因测序仪 HYK-PSTAR-IIA 获得国家食品药品监督管理总局三类医疗器械注册证，其科研成果转化的"最后一公里"打通了。该测序仪填补了中国临床高通量基因测序仪的空白，为国内生物基因的应用带来变革，并带动了整个产业链的发展。

2015 年 10 月，临床型基因测序仪 HYK-PSTAR-IIA 正式上市。值得注意的是，这台基因测序仪也是目前我国批准的唯一拥有自主知识产权的临床型二代基因测序仪。

盛司潼说："曾经有人做过统计，我国科研成果转化率不到 10%，一些高大上的科研技术转化比较难，但是我们的团队在深圳这个创新的大环境下，经过 7 年努力，终于打通了科研转化这条路，让科技走入人们的生活，切切实实造福老百姓，这是最令我欣慰的。"

盛司潼介绍，目前国内外更偏向于科研型的基因测序仪，而 HYK-PSTAR-IIA 是专为临床设计的一款高通量基因测序仪，尤其重视临床应用中测序周期、数据准确性、检测成本、设备操作等方面的体验，实现单轮测序最短仅需 10 小时，准确率 99.9% 以上。此外，其价格比外资企业的同类产品低一半左右，使目前这种医疗服务的价格降至千元左右。更为重要的是，华因康基因测序的技术数据解析以中国人的基因库为样本搭建，更适合中国人的临床基因诊断，在疾病个体化治疗和个体化用药方面也更精准。

如今，华因康已在全球拥有五个研发生产基地、七条成熟的产品线，其基因测序仪在华中、华南、华东、华北、西北等地区的市场已经陆续铺开，且已与上海瑞金医院、浙江省肿瘤医院等数十家医疗机构密切合作，推广国产基因测序系统在我国临床上的应用。

助推中国的精准医疗计划

那么，盛司潼是否就满足于实现了基因测序设备国产化呢？并非如此，他迈向精准医疗的步伐越来越坚定。

如今，"精准医疗"已经成为国内外的热词。2015 年，美国启动了精准医疗计划，中国政府也预计将投入 600 亿元用于该领域。精准医疗等重要项目已正式列入国家"十三五"科技发展重大专项。相关统计显示，全球精准医疗市场的产值已突破 600 亿美元，并且预计未来五年均呈复合增长趋势。可以预计，精准医疗市场将迎来巨大的发展浪潮。

盛司潼最大的目标是通过高通量基因测序平台，助推中国的精准医疗计划——研发一批国产新型防治药物和医疗器械，形成一批由我国定制、被国际认可的疾病诊疗指南。

2016 年 6 月 18 日，在深圳举行的首届国际痴呆与认知科学高端论坛上，华因康牵头发起的"863 项目示范基地"正式启动。该项目针对阿尔茨海默病，旨在依托高通量测序技术平台，利用基因组学转化医学技术，建立阿尔茨海默病千万级样本的基因信息及基因数据库，通过对大数据的挖掘分析，建立基因辅助诊断评估模型，形成基因相关疾病诊断的国家标准。

据统计，我国 65 岁以上老年人阿尔茨海默病发病率为 5.6%，85 岁以上老人的发病率高达 30%，有家族病史的老年人发病率甚至超过 50%。随着基因测序技术与人类基因组学的发展，越来越多与阿尔茨海默病的发生相关的风险基因被发现，这使该病的筛查与破译有了飞速突破。"基因检测能及早发现相关风险基因，有望延迟阿尔茨海默病的发生。"盛司潼说。

他耐心地解释，HYK-PSTAR-IIA 基因测序仪不仅是一台仪器，更是一个完整的测序平台。测序平台本身是一个非常复杂的系统，包括从样本的提取、保存、建库，到上机测序、数据计算、质量分析，再到结果报告的出具，所需的设备、试剂种类繁多。如果医院采购，需要了解系统、分批采购，是一个大工程。如果检测流程全靠人工操作，对于偶尔开展的科研项目可能影响不大，但对于频繁开机检测的临床应用项目而言，一次检测就将是一个庞大的工程。

盛司潼说："华因康在产品设计之初，就专注于打造系统的基因测序解决方案，这就不仅为客户解决了技术平台的搭建和操作问题，还提供了众多测序系统平台的临床应用解决方案。"目前，HYK-PSTAR-IIA 基因测序平台应用涵盖了重大疾病早期筛查、精准个体化用药指导、遗传病早

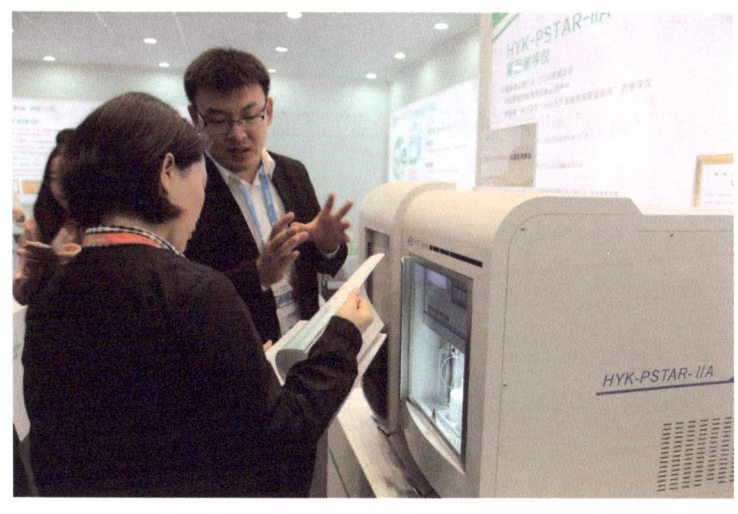

华因康员工为参展者介绍产品

期筛查等，全面覆盖精准医疗领域，并开发出 200 多项针对肿瘤、心脑血管疾病、糖尿病、遗传代谢病等精准医疗的基因检测项目。

据了解，华因康目前的基因检测项目包括肿瘤个体化用药基因检测项目（已开展 22 种肿瘤共 64 个项目）、遗传性肿瘤基因检测项目（已开展 6 个检测项目）、心脑血管疾病精准个体化用药检测项目（已开展 6 种共 11 个检测项目）、阿尔茨海默病基因检测项目（已针对家族性和散发性两大类疾病开展 3 个项目）；其他疾病精准个体化用药检测项目（已开展 31 个检测项目）、单基因遗传病基因检测项目（已开展 19 个检测项目）。华因康除了主推目前已有的临床基因检测项目外，还关注临床研究进展，依据市场需求，不断开发市场需要的新的临床基因检测项目，尽量完善基因检测项目的全面覆盖。

围绕高通量基因测序系统这一核心平台，华因康还不断开发平台内的新技术产品线，比如诊断试剂盒、前处理设备、分析软件等产品。据了解，PSTAR 基因测序系统已获得 14 个医疗器械注册证，涉及测序配套的试剂及分析软件，其中试剂盒已获得 8 个。

赶上了国家鼓励创新创业的好政策

盛司潼非常重视人才的聚集和培养，华因康不仅是一家企业，还成立了高通量生物技术研究院，聚集了一批优秀的科研人员。正是有了一支强大的科研团队，华因康获批的国内外专利从最早的几十项增加到目前的300 多项，基因测序核心发明专利数量为全球第一。

不仅如此，华因康还牵头成立全国第一个基因生物领域的国家标准工作组，参与研制了中国第一项高通量基因测序国家标准《高通量基因测序技术规程》，并于 2015 年发布和实施。这一标准成为中国基因测序行业的里程碑，也为我国参与国际基因领域的竞争打下了坚实基础。盛司潼认为，标准是国际上行业技术对话的语言，高通量基因测序技术标准的建立不仅促进了整个产业的发展，更重要的是，提升了我国在国际精准医疗产业方面的话语权和竞争力。

2016 年 4 月 4 日，华因康与从事基因大数据研发的为朔医学大数据（Vishuo）在新加坡共同签署战略联盟合作协议，共创"基因测序 + 精准医疗大数据"模式，以新加坡为中心辐射东南亚各国，共同推动精准医疗基因测序、分析、注解系统解决方案在临床中的广泛应用。

2016 年年底，华因康与国家中医药管理局合作，致力于中医药现代化研究。盛司潼说："中医药现代化面临的难题是缺乏标准化，而基于药材的基因分析，可以精准地界定药性，这是对中药标准化的一个推动。"

"现在，看病都要化验，将来看病就要先进行基因测序。目前，基因测序的市场才刚刚起步，未来 3 ~ 5 年，该技术在临床诊断、筛查、个体化用药指导等领域的应用将迅速拓展。不仅如此，它对生命科学的研究方向，以及靶向药物的开发将有直接的推动作用。"盛司潼在 2016 年 5 月举办的摩根士丹利中国峰会上指出，基因测序行业发展前景广阔：一方面，基因测序行业拥有巨大的应用前景，包括肿瘤、心脑血管疾病等个体化用药、遗传性疾病早期筛查、产前筛查等；另一方面，基因测序在 CTC[①]、ctDNA[②] 上的应用还有待突破，这将是未来精准医疗的发展方向之一。他认为，基因测序行业还处在成长的阶段，在技术进步、政策培育等因素推动下，未来会给人类健康、疾病预防与治疗带来革命性的变化。

---

① 循环肿瘤细胞（circulating tumor cell）。
② 肿瘤基因组的 DNA 片段（circulating tumor DNA）。

从 2008 年回国，到 2014 年华因康的基因测序仪获得临床准入资质，再到 2015 年面向全球发布首款国产临床专用基因测序仪，并于 2016 年在全国布局医疗检测服务机构，打通基因检测的全产业链，盛司潼发自肺腑地说："很不容易！有喜悦，也有痛苦，每个阶段需要面对的难题都是不一样的，作为创业者必须一个一个去克服，痛苦的是在成功之前压力很大，搞科研一直在烧钱，没有太大的经济产出，而且还要担心自己的研究进程落后于国外。面对投资者，我会有很大压力。现在总算做出了成熟的产品，也只能算是阶段性成功。其中我感悟最多，也最感激的是，我赶上了国家鼓励创新创业的好政策和获得了各方面的有力支持。"

【创业心路】

一定要保持学习的心态

盛司潼

我在 35 岁那年回到国内，创办了深圳华因康基因科技有限公司。这是我人生的第一次创业，或多或少带着天真，或者说是对创业的无知。因为对创业过程的艰难还没有充分的认识，就一脚踩进这条河。但创业的艰辛不会因为你的天真而有所减少，相反，会更多。对首次创业者来说，一定做好不断学习的准备，学习每个阶段不同的东西，提升自己的综合能力。

此外，不能单纯为了钱而去创业。如果单纯为了改善个人财务状况而选择创业，那将很难长久地坚持下去。创业不一定马上就能赚钱，通常要经历很多波折，经受无数考验，这是一个好比全能赛事的漫长考验，所以需要有一个除了钱之外的初衷，比如用科技实现服务广大民众的理想，比如完善更美好的人格，等等。创业过程中，创业者将承受很多外人无法理解的压力，有时也会陷入孤独、抑郁。这种时候，如果没有一种理想去支撑，将很难坚持到最后。

【 创业法则 】

创始人必须是全才

盛司潼说："在创业之后，思维方式和以往不一样了。我过去只是单纯地做科学研究，而创业之后除了潜心科研，还要思考怎样将公司运营得更好，做出既接地气又有技术含量的产品。"他所说的是每个技术型创业者必须面对的现实问题，即使不擅长销售、应酬，为了创业成功，也必须全部都会。

所以说，创始人必须是全才，选择创业就像是参加十项全能比赛，不仅要解决企业的发展战略、技术方向问题，还要解决公司管理问题、销售问题、队伍建设问题，税务、财务、工商等全部都要面对。创始人是公司最后的防线，再苦再难，创始人都要顶住。最难的决策，都是创始人来做。任何时候，不要指望别人来救你。

基于"创始人必须是全才"的法则，培养出不断学习、善于学习的能力，对于创业者非常重要。就如盛司潼所说的，"对首次创业者来说，一定要保持学习的心态，做好准备，不断学习——学习每个阶段不同的东西，提高自己的综合能力，包括待人接物、商务谈判、市场推广等各方面能力，这样才有可能避免失败"。

【人物档案】　♀　盛司潼

　　盛司潼，博士，教授，深圳华因康基因科技有限公司创始人及首席科学家，国家标准委生物技术标准化专家咨询组专家、全国生化检测标准化技术委员会（TC387）组长、广东省创新创业团队带头人、深圳市国家级科技领军人才。致力于研究国际尖端基因测序技术二十余年，发表 SCI（科学引文索引）论文 30 余篇，拥有 300 多项发明专利、56 项软件著作权。主持科技部"863 计划"重大课题等国家、省、市科技计划 20 多项，牵头成立全国第一个基因生物领域的国家标准工作组——全国生化检测标准化技术委员会生物方法工作组。

汪之涵：青铜剑的铸造者

2009 年与校友一起回国创业时，汪之涵年仅 27 岁。彼时，他拥有英国剑桥大学电力电子专业博士学位，怀抱着产业报国的梦想，飞跃千山万水，回到深圳这片陪伴自己成长的热土，开始一段新的旅程。

八年时间里，他与自己创立的深圳青铜剑科技股份有限公司（简称"青铜剑"）一同快速成长，成功打破国外企业的技术垄断。青铜剑成为国内首家专业从事大功率 IGBT[①] 驱动模块研发和生产的企业。

一家从事电力电子元器件研发的高科技企业，为何取名为颇有古意的"青铜剑"？汪之涵说："青铜剑取自清华大学的'清'和剑桥大学的'剑'两字。青铜剑是古代中国人民的伟大创造，我们希望青铜剑的团队能够铸就 21 世纪中国人的科技创新成果。"他言语间透出内心的远大抱负。

---

① 绝缘栅双极型晶体管（Insulated Gate Bipolar Transistor）。

是巧合，也更加激动

2017年端午节假期，汪之涵重游了位于深圳仙湖植物园的"香港回归纪念林"，并从家中找出珍藏了20年的"深港青年植树纪念证书"。回忆起20年前与父母一同在"香港回归纪念林"种下小树苗的情景，汪之涵依旧心潮澎湃。

汪之涵说，父母崇尚的教育方式是让孩子更多地去亲身体验。因此，在1997年2月，父母带着他到香港旅游，与一河之隔的香港有了第一次接触。而就在一个月之后，正在深圳中学读初中的汪之涵参加了种植"香港回归纪念林"的活动。

"当年，父母在得知深港青年要在深圳仙湖植物园按照中国版图的形状种下1997棵土沉香幼苗庆祝香港回归祖国时，当即决定带上我一同参加。我还记得，当天，我们在回归纪念林的西北边种下了小树苗。这对于老家在西安的我们来说，是一种巧合，而且更加让人激动。"对汪之涵而言，植树当天的场景，依然历历在目。

1997年6月30日，深圳大街小巷都沉浸在庆祝香港回归祖国的喜悦之中。汪之涵也参与其中——在文锦渡口岸，冒着大雨欢送驻港部队的场景，汪之涵至今仍难以忘怀。

20年弹指一挥间，当年的1997株幼苗已成长为茂密的树林，汪之涵也见证了深圳这座城市非同寻常的发展历程。

和香港回归有关的记忆，汪之涵至今珍藏于心。汪之涵认为，在十几岁的时候，能参与到这样的历史大事件中，他感到非常幸运。同时，香港回归带给他的激动、自豪和爱国的情怀，也伴随着他今后的求学、创业的历程。

17岁的汪之涵，以广东省高考物理状元的身份考入清华大学电机工

程系，毕业后赴英国剑桥大学工程系攻读电力电子专业，仅用四年时间就拿下硕士与博士学位，并和导师共同申请多项国际发明专利；担任剑桥中国学生学者联谊会常务副主席，全英中国学生学者联谊会常

汪之涵（右）与剑桥大学博导帕默教授（左）

委、科技总监等职……汪之涵可以说是一个名副其实的"学霸"。

大不了，回头重新开始！

2009 年，汪之涵放弃了国外优越的条件，回到了深圳这片熟悉的土地。

凭借出色的教育背景，青铜剑核心团队的每位成员都能在一流企业找到一份高薪工作，或者在知名高校从事科研工作，但为什么他们会选择从零开始，走上荆棘丛生的创业之路呢？汪之涵的回答果断而坚定："我们刚走出校园就决定创业，是因为趁年轻时创业风险最小。正因为一无所有，也无所谓失去。大不了，回头重新开始！"

或许，正是凭着浸润在"深二代"的血液里的与生俱来的创业基因，汪之涵在剑桥大学读书时，便留心琢磨身边老师、学长们的创业轨迹。他发现，在英国等欧洲国家，由于市场需求饱和、制造业空心化等因素，科技型企业创新成长的空间并不大。相比之下，中国则充满机遇。回国创业这个念头几乎是顺理成章地冒了出来，久久盘桓在他的脑海里。

就这样，凭借一腔热血和学业专长，他创办了青铜剑，投身高新科技产业的创业浪潮之中。

汪之涵说，选择深圳，除了自己在深圳长大，对深圳有感情外，还因为深圳创业环境非常好，市场化程度非常高，上下游的产业链非常完善，本地化的优势非常明显。"我去过国内多个城市进行考察，最后还是选择在深圳发展。我相信深圳是一个能创造奇迹的地方。"

与绝大多数创业者的经历一样，资金与人才是汪之涵在创业之初遇到的最大困难。然而，在深圳这片创新的沃土上，青铜剑每到关键时刻总能化险为夷。

青铜剑的第一处办公地点，是位于深圳高新区的深圳市留学生创业园。每平方米仅 40 元的低廉租金，让手无寸"金"的海归创业者们熬过了最艰难的产品研发、试制的起步阶段。

"深圳市留学生创业园对园内企业在政策指导等方面提供很多支持，而且创业园里有很多同类型的企业，大家可以一起交流，互相借鉴，往往在交流中，解决问题的办法就有了。"汪之涵正是在创业园的帮助下，申请了留学人员来深创业前期费用补贴，并获得一等资助 30 万元。汪之涵感激地说："政府这笔钱看起来不多，但是可以让很多初创公司多活半年。很多时候，多活半年，公司就'活'过来了。"在政府"及时雨"的滋润下，青铜剑茁壮成长。

2010 年年底，青铜剑遇到了创业路上第一批来自资本市场的"贵人"——既是知名天使投资人，也是清华大学师兄的杨向阳和刘晓松，相中了青铜剑这个"80 后"创业团队，向这几个毛头小伙子一掷千金。青铜剑借此机遇，顺利走上了高速发展的道路。

2012 年，青铜剑又获得了力合创投等清华系风投的投资；2015 年，青铜剑顺利完成了 B 轮融资……随着规模不断扩大，青铜剑不仅搬到了更为宽敞明亮的新办公场所，员工也增加到 100 多人，更在北京、上海、南京成立了分公司。

在注入资金的同时，风投对青铜剑更大的帮助，是让这群刚刚走出校园不久的年轻人得到在产业界已摸爬滚打多年的专业人士的悉心指导。"这些风险投资家大多有着数十年的创业经历，与他们聊天，很多时候是他们手把手地教我们怎么去找市场、做营销、搞管理，怎么跟人打交道，怎么规划企业的未来……从他们身上，我们的确学到很多。"

汪之涵认为，留学生回国创业，真正成功的案例相对较少，因为仅仅受到良好的高等教育、有"高大上"的技术还不够，必须在开拓市场的过程中接地气，踏踏实实地满足客户需求，从一点一滴的小事做起，这样才能在市场中站稳脚跟，获得长远发展的机会。

最难的是市场开拓

在青铜剑的公司会议室里，有一面醒目的"专利墙"，展示公司所获得的国内外专利证书。汪之涵说，虽然与大公司相比专利数量还很少，但它却见证了自己与公司的成长历程。

八年的摸爬滚打，让汪之涵对创业越来越有信心。在创业不到三年的时候，青铜剑就成功开发出国内首创的针对大功率 IGBT 驱动模块的专用芯片组。大功率 IGBT 驱动模块是电力电子设备中实现弱电控制强电的核心器件，一直以来，国内市场都被国外公司所垄断。汪之涵团队的努力不仅打破了垄断，更改变了我国在 IGBT 驱动领域严重依赖进口的被动局面。目前，该产品已有超过 300 家客户，应用范围涵盖了智能电网、工业节能、新能源发电、新能源汽车、轨道交通、国防军工等领域，有力促进了我国电力电子行业的技术创新和发展。

　　"海归博士创业，最难的不是技术突破，而是市场开拓。"汪之涵对技术人员创业如何打开市场有独到的看法。他说："在学校里搞科研主要是为了科技创新、发表高质量学术论文，而企业做产品一定要满足客户需求。首先，要做充分的市场调研，了解市场的真实需求；其次，分析我们的产品是否能满足客户的需求；然后，与竞争对手相比，找出我们的产品有哪些优势和差距。这样一步一步坚持做下去，根据客户需求，对产品不断迭代，再根据客户反馈，不断优化产品性能，直到获得客户的最终认可。""与国内企业拼技术，与国外企业拼成本"的思路，让青铜剑的市场定位格外清晰。

　　"一直以来，国内客户很支持我们的产品，除了更高的性价比和更好的技术支持外，我觉得很多国内客户都有一种民族情结。当我们去推广产品时，他们都很愿意给我们机会支持国产产品，也非常愿意给我们提出意

汪之涵（左一）与他的研发团队

见，帮助我们改进。所以从产品性能来说，我们有一半的提高来自客户的建议，这让我很感动，也让我更加懂得自己所做的事情的意义。"汪之涵由衷地说。

汪之涵介绍，青铜剑自 2013 年成功进入光伏逆变器领域以来，已成为阳光电源、特变电工等知名上市公司的合格供应商，累计有超过 20GW[①]的光伏逆变器应用了青铜剑的 IGBT 驱动产品。截至 2017 年底，中国集中式光伏逆变器累计装机量约 63GW。也就是说，中国每三台集中式光伏逆变器，就有一台使用了青铜剑的产品。未来这一比例还将持续攀升。

由于 IGBT 驱动器、电流传感器等产品性能达到国际一流水平，目前青铜剑已经成为中国中车、中船重工、南瑞科技、中兴通讯等各行业龙头企业的合格供应商，并出口到欧洲多个国家。

国家和民族需要的，就是我们要承担的使命

2016 年，青铜剑与清华大学深圳研究生院联合，从瑞典皇家理工学院引进了一支由海归博士与外籍专家组成的碳化硅功率器件研发团队，落地深圳，进行产业化。

汪之涵介绍，随着电力电子产业的发展升级，通过材料方面的创新可以推动器件方面的创新，比如用第三代半导体材料碳化硅代替传统的硅材料来制造功率器件，即可实现整机产品功率密度的大幅提升。因此，为了向高端领域进军，汪之涵采用了自主研发与引进海外团队相结合的策略，以实现此领域的"弯道超车"。

汪之涵在为企业选择发展方向的时候，总会与国家的战略发展方向保

---

① GW，功率单位。1GW＝10^6 KW。

持一致。他认为，中国正在进行产业转型升级，科技的创新也逐步由应用创新延伸至器件创新，乃至材料创新。近年来，在关系到国家安全、国计民生的领域，我国取得了可喜的成绩，比如国产大飞机试飞、国产航母下水等，但是一些核心元器件和材料还要依赖进口。这让汪之涵感到一种巨大的使命和责任，所以，他把眼光投向了遥远的未来。"我们从事的科技研发工作非常有意义，特别有价值，国家和民族需要的，就是我们要承担的使命。"

青铜剑的创新成果得到了政府的充分肯定和大力扶持，陆续获得科技部"科技型中小企业技术创新基金"、人力资源和社会保障部"中国留学人员回国创业启动支持计划优秀项目"等的支持。青铜剑于 2012 年入选"中国留学人员创业园百家最具创业潜力企业"，2013 年荣获"中国清洁技术二十强"评选第三名，2015 年荣获深圳市自主创新百强中小企业以及2015 年德勤高科技高成长中国五十强、深圳二十强。汪之涵于 2015 年入选广东省科技创业领军人才。在 2014 年度深圳科学技术奖评选中，汪之涵成为 8 名青年科技奖获得者之一。

选准高起点，做精新产品，走"进口替代"之路，这使青铜剑从起步伊始就目标坚定。"我梦想着公司未来能够成为国内领先、世界一流的电力电子元器件和解决方案供应商。"汪之涵如此憧憬着美好的未来，期待青铜剑在未来的国家战略新兴产业上能够更多地"亮剑"！

【创业心路】

不要在乎短期的得失

汪之涵

创业是持久战，是马拉松，选择了创业之路就不要过分在意短期得失，不要在乎一城一地的得失。明白这个道理之后，选择创业方向时就会少一分浮躁。

高学历人才创业，适合选择需要长期科研攻关的方向。虽然不是一两年就能开花结果看到回报，而且投入的时间和精力会比较多，但只要选准了方向，努力攻关，就能做到基础扎实，后劲充足。因此，长远来看，选择正确的创业方向非常重要。

如果我们当初选择了门槛低、容易进入的领域，可能会更早实现盈利，但是市场一有风吹草动，我们这样的小企业肯定首当其冲。而在电力电子的核心元器件领域，最初爬坡的过程可能很长、很辛苦，但是一旦爬上来了，市场会相对稳定，竞争优势将逐渐体现。

【创业法则】

满足行业的需求，创业更容易成功

高学历人才创业常犯的一个错误是会啥做啥，不管市场。选择做自己最擅长的事情，这是人之常情，但如果只盯着自己会做的事情，而不管市场需求是否存在、客户的个性化需求能否得到满足，就很容易选错方向。因此，要结合自己的特长与市场的需求，去选择正确的创业方向。面对自己感兴趣、有特长的领域，一个人肯定是愿意长时间地投入和积累的，这也是许多创业者在面对创业道路上无数艰难险阻时能够坚持到底的原因。而对市场需求的挖掘、分析，以及对产品的定位，这是创业者选择创业方向时必须考虑的因素，而且，满足市场需求一定是基础条件。如果没有需求，一切都是空谈。

青铜剑之所以发展得顺风顺水，是因为他们选择了正确的创业方向，而正确的方向可以让企业更容易进入快车道。青铜剑选择 IGBT 驱动技术、电流传感技术、碳化硅技术为创业方向，是基于两个因素：其一，与国家的战略大方向相关。国家必然要走智能制造、产业升级的道路，对电力电子核心元器件和新材料有巨大需求；其二，与青铜剑团队自身特点相关。汪之涵说："我们团队的人才结构不属于短跑型，而是属于马拉松型，因此我们要选择长跑作为自己的创业项目。"另外，青铜剑非常重视与客户的有效沟通，根据客户需求，对产品不断迭代，再根据客户反馈，不断优化产品性能，直到获得客户的最终认可。

事实证明，青铜剑的创业方向是正确的，产品应用范围涵盖了智能电网、工业节能、新能源发电、新能源汽车、轨道交通、国防军工等高速增长的领域。由此可见，一旦满足了行业的需求，用户就会自己找上门来，真正做到了事半功倍。

【人物档案】 📍 汪之涵

汪之涵，深圳青铜剑科技股份有限公司创始人、董事长，深圳英博科技产业培育有限公司董事长。入选国务院侨办重点华侨华人创业团队、中国留学人员回国创业启动支持计划、广东科技创业领军人才等，荣获第五届中国侨界贡献奖、第三届中国电源学会科学技术奖青年奖、2014年度深圳市科学技术奖青年奖、2014年度深圳市南山区青年创新创业成长之星等荣誉。

刘昊扬：推开虚拟现实的大门

刘昊扬，2003 年取得美国约翰·霍普金斯大学土木工程博士学位后，在佛罗里达州工作五年，然后回到中国，与毕业于香港中文大学自动化专业并来内地寻求发展机会的戴若犁博士一拍即合，于 2012 年创办了北京诺亦腾科技有限公司（简称"诺亦腾"）。诺亦腾是为第 67 届艾美奖最佳特效奖获得者《权力的游戏》提供动作捕捉技术的中国公司，其自主开发的动作捕捉技术被 CNN[①] 称为"中国创造"，刷新中国多个科技项目的海外创新纪录，是全世界用户量最大的动作捕捉系统提供者以及虚拟现实行业的佼佼者。

成立四年多，诺亦腾从最初的 13 个人发展到近 300 人，成为国内白手起家的 VR 初创企业中估值最高的公司之一——2016 年 12 月完成 C 轮融资后，估值超过 20 亿元。

是时候去找新的、更有意思的事情做了

2009 年，刘昊扬从学习、工作了十年的美国回到国内。"我在佛罗里

---

① 美国有线电视新闻网（Cable News Network）。

达州工作，工作中要通过传感器为桥梁做安全测试，分析各项数据，我们还开发了软件自动进行桥梁的安全评估并生成加固方案。"工作了几年之后，金融危机的到来给了刘昊扬一次重新思考的机会。"当时我们的主要客户是政府，金融危机后政府收紧预算，行业的发展一下子就放慢了，这让我意识到是时候去找新的、更有意思的事情做了。"

回国后，刘昊扬很快就遇到从香港中文大学自动化专业毕业的戴若犁博士。刘昊扬回忆说："我们俩都认为内地的机会更好，而且我们都是学力学出身，聊起来很投缘，我们讨论什么将是下一个科技浪潮中的核心技术。"

由于长期在工作中使用传感器，刘昊扬与戴若犁的讨论话题很快就集中到传感器上："在十几年前，传感器是很贵的，一个传感器要几千美元，而且使用起来很不方便，主要用于学校科研项目以及重点工程项目，比如大型桥梁、高层建筑的检测。随着智能手机的兴起，传感器在手机中开始大量使用，其价格迅速变得非常便宜，同时体积也变得很小，能耗也大幅降低。传感器是提供数据的基础，而数据又可以为服务提供更好的支持，

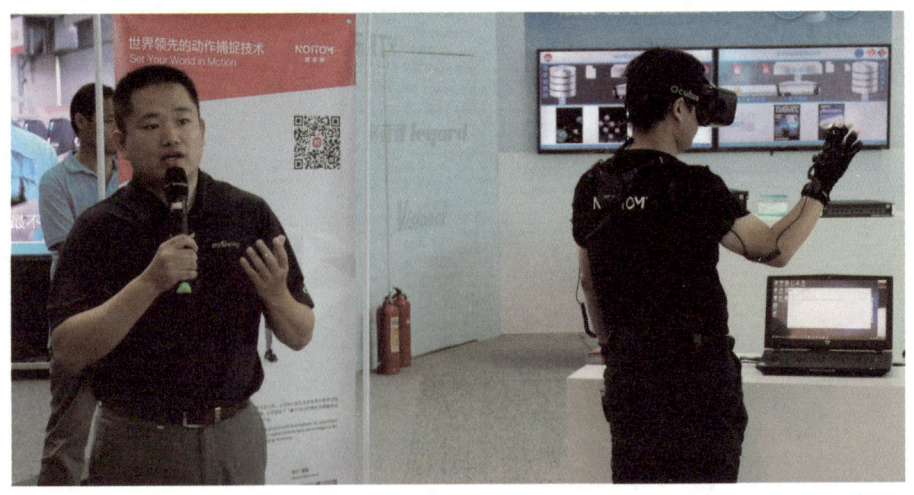

刘昊扬（左）介绍诺亦腾产品

我们相信如果能够用传感器捕捉人体运动数据，未来一定会有非常广阔的应用前景。"刘昊扬和戴若犇很快就认定这就是属于他们的机会，创立诺亦腾的想法就此在心底扎根。

要有不进则退的意识

刘昊扬回忆，起步之初确实相当艰难，"一方面，用的是自己的钱，能够投入的资金毕竟相当有限；另一方面，我们是在一个空白的领域探索，在没有太多先例的情况下，我们也时不时会怀疑方向是否可行。由于国内懂这方面的人并不多，2011 年 9 月，我们就把阶段性的成果做成了视频放到 YouTube[①] 上面，看看能不能有外国的同行进行交流探讨，没想到收获了很多惊喜。我们的视频刚刚放到 YouTube 没多久，就吸引了一个科技大腕的目光——世界上第一个将动作捕捉技术引入电影拍摄的著名科学家兰斯·威廉姆斯（Lance Williams）。令我们非常吃惊的是，他看到视频后不仅立即联系了我们，而且很快亲自从美国加州飞到北京与我们见面交流。他告诉我们：'电影拍摄中的动作捕捉技术，二十多年基本上没有变化和改进，你们做的事情很有意思，也许会对动作捕捉行业产生颠覆式的影响。'这让我们备受鼓舞，也坚定了我们的信念"。

电影拍摄中动作捕捉工作主要依赖于光学技术，设备庞大，需要专门的动作捕捉摄影棚，拍摄起来非常复杂，容易受到现场环境中道具、演员等遮挡的影响，往往需要大量的后期数据修复。而带传感器的动作捕捉设备在实现精准动作数据记录的同时，在设备的易用性、实时性以及抗干扰方面都是传统光学动作捕捉系统无法比拟的。

---

① 一个美国视频网站，成立于 2005 年，目前在全球有超过 19 亿用户。

经过一年多的摸索与尝试，挡在路上的诸多技术难点逐一被攻克。2012 年 12 月，北京诺亦腾科技有限公司在中关村正式成立。"Noitom"是英文单词"Motion"（动作）的倒序拼写，代表了诺亦腾的目标：颠覆动作捕捉行业格局。"科技有无限可能，对技术的完善、对性能的追求都是永无止境的。"刘昊扬坚定地说，"要保持领先，就要有不进则退的意识，发展并巩固技术优势"。

全球首套全无线动作捕捉设备

成立后不久，诺亦腾很快推出了全球首套全无线动作捕捉设备——Perception Legacy，大大提升了动作捕捉设备的便利性，并且价格远远低于传统动作捕捉设备的价格。电影特效公司是动作捕捉设备提供商的主要用户，但诺亦腾在早期推出的产品，有些叫好不叫座。刘昊扬意识到要让使用传统动作捕捉技术的客户接纳一个新的替代产品，除了技术要更新、更好外，也需要时间和过程。在早期，诺亦腾团队花了大量的时间与客户一起磨合，跟踪研究他们在特效制作中遇到的细节问题，进一步完善新产品，并且在这个过程中逐渐获得用户的信任。

今天，诺亦腾的名字已经被大部分电影特效公司所熟知，全世界大多数著名电影特效公司已经变成了诺亦腾的客户。2015 年共斩获包括最佳视觉效果在内的 12 项艾美奖的美剧《权力的游戏》，就使用了诺亦腾自主研发的动作捕捉系统——主要应用在大场景内的人群渲染和动作捕捉等方面，比较经典的一场戏是尸鬼围攻野人。此外，该剧中很多士兵都是虚拟的，诺亦腾的设备用于驱动动作，营造真实感。由于帮助《权力的游戏》获得了艾美奖的最佳特效奖，诺亦腾也为更多人所熟知。

"热播电影《寻龙诀》我们也有参与。"刘昊扬自豪地说，"除了做替代电影拍摄中传统的动作捕捉技术以外，我们还做了很多以前很难做到的事情，在行业里创造了许多纪录，比如在电视直播中使用虚拟角色。我们的技术抗遮挡性、实时性都很好，不会丢数据，在直播中使用具有天然的优势。基于这个特点，我们参与制作了比较多的实时虚拟角色，比如2015年央视春节联欢晚会上那个虚拟主持人阳阳便使用了我们的技术。"

我们的答案就是——动作捕捉

2014年，虚拟现实的热潮席卷了全球。在创立诺亦腾时，刘昊扬便考虑过通过动作捕捉技术将人的行为投射到某个虚拟世界中。刘昊扬笑言："当虚拟现实的风吹来的时候，我们自然不会错过这个天然的大好机会。"

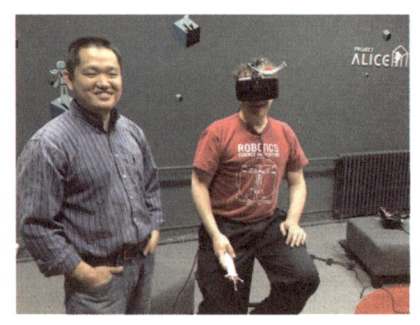

外国客人体验诺亦腾产品

为了让更多的开发者有机会使用诺亦腾的技术，刘昊扬团队做了世界上第一套全功能的廉价动捕系统——Perception Neuron，其传感器小到可以放到手指上，这也是世界上第一套可以同时捕捉身体与全部手指动作的动作捕捉系统，可以帮助虚拟现实开发者进行人机交互。"2014年夏天，我们抱着试一试的态度，把这个项目放到Kickstarter[①]上，以几百美元一套的价格进行众筹。"

由于Perception Neuron并不是一款面向普通消费者的产品，而且刘昊扬也没做任何宣传，上线的第一天只被几十个人发现，下单的用户只有

---

① 一个专为具有创意方案的企业筹资的众筹网站，2009年创立于美国纽约。

一名。项目上线后的前两个星期反响平平，下单者不多。但随着开发者的口口相传，在众筹期（一个月）的后两周，众筹金额突然开始飙升，认购金额的曲线陡然上升。仅最后一天，募集金额就接近 10 万美元，一个月总共众筹了将近 60 万美元！这是当时国内公司在海外众筹所取得的最好成绩。

刘昊扬说："这让我们清楚地看到，虚拟现实的市场转折点快到了。更重要的是，这也让我们在虚拟现实行业因为提供基于动作捕捉的人机交互技术而逐渐为大家所知。在我们看来，计算机产业发展的这 30 年将人类对于虚拟世界的想象带到了一个新的高度：计算机图形学的发展将虚拟世界描绘得比往常的任何时刻都要逼真；30 年前看着单色显示器的人或许不曾预料到，今天的实时 3D 引擎能够呈现精美的游戏画面。这也让我们看到了与虚拟现实无限接近的可能，似乎我们再迈出一步，就能够进入那个世界。但是 20 年前困扰着虚拟现实的问题，现在仍然存在：就算我们能够看到那个已经接近真实的虚拟世界，我们仍然跨不出去；限制我们与虚拟现实互动的，目前还是鼠标和键盘——一个已经发明了 50 多年，另外一个已经发明了 300 多年——的交互方式。当然，也正是这两个产品的发明大大改变了人机交互方式，使得之后的计算机世界发生了革命性的变化。"

他解释道，在虚拟现实的三大元素——输入（交互）、处理（内容）、输出（眼镜）中，当前"处理"端和"输出"端都已经获得了较大的进步，受到了资本的热捧，"而在我们看来，如何真正进入虚拟世界中，实现人的行为与计算机的更好交互，才是虚拟现实能真正到来的核心所在。我们的答案就是——动作捕捉。我们可以通过世界顶尖的动作捕捉技术，为虚拟现实提供高质量的、标准化的输入手段。正如此前所言，传统的基于光学的动作捕捉技术价格昂贵，使用上有诸多限制，在虚拟现实方面的应用还存在许多不足。我们的动作捕捉技术则非常完美地契合了虚拟现实的需要：低成本、对场地无要求、方便携带，精度也远远超过虚拟现实的需要。我们相信，这种交互方式的应用和普及将带来革命性的创新"。

刘昊扬团队的虚拟现实技术研发走在国际前列，不断推动行业技术的进步。 2016 年，汽车制造商大众的高层在诺亦腾参观体验后深受震撼，大胆地提出希望将这项技术应用在新车发布会的现场，未来再进入 4S 店作为辅助销售方式。在仔细评估后，诺亦腾承接了这项工作，为大众一款新车的发布会现场开发出一个百人 VR 交互体验系统，实现了有史以来最大规模的 VR 互动体验。在 2016 年 11 月的发布会现场，超过 100 位观众不仅在虚拟的空间里操控汽车，还能相互之间进行互动。刘昊扬说："不过，这样的事情真的是太难了，需要解决身份识别问题、大规模数据处理与传输问题、机器散热问题等，但很幸运，我们的团队都一一解决了，成功完成了这个创下世界纪录的活动。"

我们没有选择单一产品

虽然 2016 年被称为 VR 元年，但是中国的 VR 产业却急转直下，遭遇资本寒冬。不管是众景世界的倒闭，还是暴风魔镜的大裁员，都给中国的 "VR 热" 泼了一盆冷水。在维尔福、索尼等国外科技巨头的冲击下，那些没有自主的核心技术的 VR 厂商，也许终将被淘汰。千帆过尽，只有靠自己的技术建立起壁垒的 VR 厂商才有存活的希望。有经济观察家称："有根基的 VR 并不是一场泡沫。"

2016 年年底，诺亦腾完成 C 轮融资。根据青亭网报道，"不出意外的话，诺亦腾将成为国内白手起家的 VR 初创企业中估值最高的一家公司"。

刘昊扬介绍，诺亦腾目前的产品有：基于惯性传感器的全身动作捕捉系统（包括面向高端客户的 Perception Legacy 和面向个人开发者的 Perception Neuron）；基于惯性原理进行动作捕捉的高精度高尔夫训练系统（mySwing）；VR 完整解决方案（Project Alice）；针对膝关节手术病人术后康复的智能护膝产品"关节博士"；在 2017 年 CES 上推出的动作捕捉手套 Hi5。

除了前文重点介绍的 VR 与影视特效领域外，诺亦腾在体育与健康领域也做了不少工作。刘昊扬介绍："在公司成立不久，我们便做过一个体育训练类的小产品——高尔夫挥杆分析仪 mySwing，同样是通过传感器来精确记录人打高尔夫球时的动作信息。2013 年 1 月，我们带着这个产品去参加美国的高尔夫展，当时并没有抱太高的期望。但令人意外的是，美国最大的高尔夫连锁渠道商主动找了过来，经过测试后表示我们产品的精准度超过了他们的预期，希望在美国代理销售我们的产品。很快，第一批产品便被他们卖完了。更重要的是，这件事吸引了全球知名消费电子公司佳明（Garmin）的注意并让后者找上门，希望能够取得我们的技术授权。今天佳明所卖的每一块高尔夫运动手表中，都包含我们授权的专有技术，这也是不多见的来自中国的初创企业向国际电子巨头进行技术授权的案例。"

随着诺亦腾的不断成长，诺亦腾在体育领域开始有更多的尝试。"我们在美国设立了一个体育训练设备公司，已经推出了供专业教练使用的产品。我们的教练团中包括很多世界顶级教练。他们正在借助我们的工具将其多年来的教学经验进行量化，形成全新的教学体系。我们的体育训练产品得到了体育界非常多的著名运动员的支持，他们也是我们产品的核心资源，因为他们的经验、知识也将变成产品的一部分。这些体育界的前辈出于对我们所从事工作的支持，甚至不少人愿意让我们无偿使用他们的品牌、肖像等资源。很多行业资源开始逐渐向我们倾斜，甚至有行业内传统的知名公司主动搬到我们隔壁办公室，与我们做邻居。通过这些可以看到，我们的产品正在行业内逐渐发挥出影响力。"

在健康领域，诺亦腾的技术和产品可以应用到诊断、治疗、康复的许多环节，现在已经和很多大名鼎鼎的医生合作。和体育教练一样，这些医生也是诺亦腾产品开发的最核心的资源。有了这些资源，相信未来某一天，诺亦腾推出针对大众的产品将会更加容易。

刘昊扬充满自信地说："作为一个创业公司，我们选择了一条和传统思维模式并不完全相符的发展路径。我们没有选择单一产品，而是围绕一项核心技术，在影视、虚拟现实、体育、医疗等行业都涉足，我们希望未来在多个细分领域都能得到高度的认同。"

【创业心路】

要坚持对技术方向的判断

刘昊扬

我们做动作捕捉技术比较早。2012 年诺亦腾起步的时候，并没有多少人看好这个方向。2014 年智能硬件热起来后，大家才发现动作捕捉是智能硬件的核心技术。2016 年虚拟现实火起来后，动作捕捉技术作为 3D 人机交互手段显得更为重要。但如果这个时候才开始起步做动作捕捉技术的开发，显然晚了。所以，我认为创业者要提前做好准备，等待机会的到来。

人人都说"风口"，实际上风口是商业机会的风口，不可能准确预测，因为受偶然因素、经济大环境、技术发展的时间节点等诸多因素影响。但技术的发展趋势是可以判断的，从事技术研发的创业者如果能对技术的发展方向做出准确的判断，就已经具备了非常好的基础。创业者必须能够坚持自己的判断，相信自己的眼光，沉下心来做好技术研发储备，等到行业春天到来时，创业就水到渠成，走向成功。这也是创业者坚持初心的价值所在。

【创业法则】

创业就是不断试错的过程

诺亦腾是靠动作捕捉技术起家的，而一项核心技术可以用来做很多方面的创新，比如，既可以做高尔夫挥杆分析仪这类体育训练类的小产品，也可以做康复治疗，还能做电影特效，或者应用于虚拟现实。

刘昊扬说："创业其实是一个不断试错的过程，我们最开始做的是高尔夫挥杆分析仪，这个市场看起来很好，但做起来后，发现用户教育成本太高，不是小公司可以承担得起的。后面，我们将目标定位为电影拍摄中的动作捕捉技术，这个市场就成熟很多，让用户接纳我们的产品容易了不少。再后来，虚拟现实风口起来后，我们顺水推舟就更加轻松。创业不会一开始就知道该做什么产品，也不知道哪个市场机会最大，只有不断地去闯、去试，才知道哪条路不通或者不好走。只有知道了走不通的路，你才能知道哪条路走得通，也才能慢慢走得越来越顺畅。"

创业其实就是不断试错的过程，所以不要害怕失败，甚至还要拥抱失败，从失败的经验中大胆寻找下一个机会的窗口。

【人物档案】 📍 刘昊扬

    刘昊扬，博士，毕业于美国约翰·霍普金斯大学。北京诺亦腾科技有限公司董事长兼 CEO，入选北京市"海聚工程"，北京市特聘专家、教授级高级工程师。在国际不同领域期刊与会议上发表论文数十篇，并出版专著一部。20 项专利已获得授权，同时还有 30 多项专利申请正在审核中。

【人物档案】 ⚲ 戴若犁

　　戴若犁，毕业于中国科学技术大学及香港中文大学。北京诺亦腾科技有限公司联合创始人，现担任首席技术官。SPIE① 会员和 ASME② 会员，也是香港中文大学工程学院杰出校友。曾任安世亚太香港分公司技术总监及梅泰诺智能技术有限公司首席技术官。具有丰富的前沿科技产品开发经验，由他领导研发的"无线高速全身动作捕捉系统"达到国际顶尖水平，在电影特效制作、动画制作及游戏交互等行业具有很大的影响力。

---

① 国际光学工程学会。
② 美国机械工程师协会。

刘轶：进军人工智能融合信息处理领域

在深圳科技园南区有这样一家低调却不同凡响的企业：领军人物是国家特聘专家刘轶；企业小而精并已在新三板挂牌；企业实现了快速发展，在人工智能融合信息处理领域独占鳌头。它就是深圳市北科瑞声科技股份有限公司（简称"北科瑞声"）。

虽然离开高校近十年，可刘轶身上仍有学院派惯有的浓浓书卷气息。他从公司名字开头，将北科瑞声的发展历程娓娓道来："公司几位创始人及合伙人分别来自香港科技大学、北京大学和中国科技大学，所以叫'北科'；专注于以语音音频为核心的融合信息智能处理，因此叫'瑞声'。这就是公司名字'北科瑞声'的由来。"

第一个 100 万元最难挣

从刘轶的履历可以看出，他一直是一个学习刻苦、成绩拔尖的人：2000 年，到美国约翰·霍普金斯大学做访问学者；2002 年，获得香港科技大学电子与计算机工程系博士学位；2003～2007 年，在香港科技大学工作，先后担任博士后研究员、高级研究员等。

2006 年，清华大学通过"骨干人才"计划，将刘轶收归麾下，任命他为清华大学信息技术研究院语音和语言技术研究中心常务副主任、副研究员。

在香港科技大学、清华大学工作期间，刘轶在中文复杂环境及带口音语音识别领域取得了为同行所认可的研究成果：首次从理论和方法上研究了发音模型在自然语音识别中的处理方法，为中文复杂环境下高性能语音识别产业化应用奠定了理论基础；完成世界上第一个大数据量的中文电话对话语音及广播信道语音资源库以及支撑软件；建设了全球第一个通用中文语音标注的行业标准；发表高水平论文 100 余篇。根据谷歌学术搜索的结果，在带口音语音识别领域发表的他的论文引用率排名第一，而在中文发音变异模型领域，他的论文引用率排名第六。

即使在学术界成绩斐然，刘轶内心也没有满足。他曾对深圳电视台记者说过这样一段话："作为学工科的人，一个根本目标就是要把自己毕生的技术成果进行产业化，能够切实地应用，更好地服务社会，这就是我的创业动机。"因此，2008 年，刘轶与志同道合的伙伴共同创立了深圳市北科瑞声科技有限公司，并出任总经理。

创业初期非常艰难。刘轶没有任何创业经验，虽然明确了要做自己擅长的语音领域，但是具体的产品定位并未确定。来深圳后，他根据深圳的产业情况以及国内产业情况和方向选择具体的产品形态。"虽然我们的技术积累很多，技术也很好，但如果没有满足客户的具体要求，企业也是寸步难行，"刘轶坦言，"我常常说，从 0 到 1 最难，在创业早期阶段必须要解决企业的生存问题，我认为第一个 100 万元最难挣。"

在后续创业过程中，他又遇到合伙人离队、公司资金短缺等问题。这让刘轶深受打击，曾一度对创业和自己产生了怀疑。

　　刘轶用平静的语气回忆道："但是最艰难的环境反而激发出自己执着的一面。坚持总是有结果的，努力到无能为力的时候，上天也许会给你开一扇窗。在 2012 年 9 月，公司终于赚到了第一个 100 万元。"

　　北科瑞声赚到第一个 100 万元后，技术开始变现。这同时也让刘轶认识到，只靠一条腿是不行的，要多条腿走路，于是实施"语音 + 大数据"双腿并行的战略，从而大大加速了公司发展步伐。除了语音音频的深度处理技术外，北科瑞声的业务还涉及文本、音乐等大数据的人工智能解决方案，并且聚焦金融证券和新媒体领域。

毕竟要给自己一个交代

　　北科瑞声最早的一个大客户是深圳证券信息有限公司（简称"深圳证券"），这是国内最早的证券信息服务专业公司，也是国内唯一具备主板上市公司、中小企业板上市公司、代办股份转让系统挂牌公司法定信息披露业务资质，及中关村园区非上市股份报价转让系统挂牌公司、产权市场等多层次资本市场信息披露业务资质的信息服务机构，是证券信息服务领域的"国家队"成员。从 2009 年与深圳证券开始合作至今，北科瑞声还获得证券信息大数据应用与云服务平台产品的独家销售代理权。

　　深圳市路畅科技股份有限公司（简称"路畅科技"）是北科瑞声的又一个老客户。A 股上市公司路畅科技是车载导航娱乐与企业移动互联网领域的知名龙头企业，也是全国最大后装汽车产品和服务提供商。北科瑞声 2011 年开始与路畅科技合作，于 2012 年合作共建了基于北斗及 GPS 双模车载导航信息终端及乘用车位置服务平台，获得深圳市发改委重大专项资金支持，促进了北斗卫星导航的民用和产业化落地，推动了产业发展，帮助车载导航产业及汽车服务业产业升级，提升了服务能力。双方合作的

刘轶在做学术报告

"车联网实时交互智能终端与信息协同系统"获得 2012 年度深圳市科技进步奖及 2013 年度广东省科学技术奖。

此外，北科瑞声还承担并完成了一批对本领域产业发展具有重要推动作用的研发和产业化项目，包括组建深圳市智能媒体和语音重点实验室和深圳语音搜索及应用工程实验室，联合组建完成目前我国唯一的面向现代证券服务业的深圳市证券信息工程中心，联合行业龙头企业完成组建车载智能信息交互和车联网信息系统的工程中心，承担多项国家和省市重大和重点研发项目。

刘轶作为主要完成人完成的"互联网高端商情挖掘及服务平台"获得了 2013 年度深圳市科技进步奖社会公益类互联网领域唯一的一等奖。该项目在深圳市、广东省产生了重大的影响，被评价为"突破了传统信息服务系统在信息广度和深度上的局限性，以全新服务模式提供高科技含量、高增值和高使用体验的高端商情服务，成为国内首个面向拟上市企业的商情服务平台。项目社会意义重大，社会经济效益显著"。该平台目前被广泛应用于金融证券和媒体信息领域。

由于取得众多科研成果，刘轶在 2013 年成为科技部创新创业人才；2014 年入选首批"广东特支计划"科技创新领军人才、深圳市"鹏城杰出人才"；2017 年入选深圳市十大创新创业人物；连续四年获得深圳市科技进步奖，连续三年获广东省科学技术奖；2013 年获国家测绘地理信息局卫星导航定位科学技术奖。

这一系列荣誉实至名归，让刘轶更加坚定了创业的决心。他斩钉截铁地说："创业过程是非常不容易的，但我从没有后悔，也许不创业才会后悔。即使自己都有后路可退，创业不成功重新回到高校任职也是可以的，但是有些路选择了就得咬牙坚持走下去，毕竟要给自己一个交代，完成技术成果产业化应用的梦想。"

就是凭借这样一股执着追求的精神，如今的北科瑞声又一次幸运地站在了人工智能的风口上。

站在人工智能的风口上

移动无线通信技术不断地更新换代，从 3G 到 5G，信息技术正由"万物互联"迈入"万物智能"时代。目前市场关心的 IT 和物联网领域的几乎所有主题和热点，包括智能硬件、O2O、机器人、无人机、工业 4.0 等，发展突破的关键环节都是人工智能，而实现自然语音人机交互是人工智能的显著特征。在未来的 AR[①]、VR、人工智能等智能生态中，凡是涉及用户交互的场景，均无法绕开语音平台，用户的语音交互将会成为不可或缺的

---

① 增强现实技术（Augmented Reality）。

一环。

在移动互联网时代，语音音频智能处理技术引领着这股人工智能潮流。面向下一代移动互联网产业，针对下一代移动互联网中海量和非结构化的语音音频信息，以中文语音、音频和音乐的信息智能处理为重点的人工智能技术，目前已经在家居、汽车、医疗和教育等领域得到广泛应用。

然而，当前受限于技术成熟度和用户使用习惯，语音交互技术并未成为真正帮助人们操控设备的工具。刘轶一针见血地指出，使用场景的深耕、语音技术的"下沉"、交互技术的融合是语音真正从"产品标配"走向"场景标配"的重要因素。语音交互作为人机交互的重要演进方向，将渗入我们的日常生活当中。

正因为人工智能技术的发展日新月异，北科瑞声也因此具备了"天时、地利、人和"的有利条件。所谓"天时"，人工智能产业大爆发，在语音通用平台领域以外的智能语音关联产业，知名企业科大讯飞市场份额占比最高，但在细分领域仍有许多空白。这恰恰是具有鲜明特色的小公司的突破点；此外，语音智能处理是消费者最认可的成熟的人工智能核心技术。从"地利"上看，深圳是我国乃至全球移动互联网、智能硬件、车载系统、AR/VR设备与内容、文化创意等产业链最完善、需求最旺盛的地区之一，而北科瑞声是目前深圳甚至华南地区在本领域具有鲜明特色的产业化应用团队。在"人和"方面，团队成员分工明确，合作超过十年，核心员工稳定，加上深圳同城的产业链支持和合作伙伴支持，更是"众人拾柴火焰高"。

站在人工智能的风口上，北科瑞声2016年6月顺利在新三板挂牌，目前正在紧锣密鼓地加快布局，面向大数据融合信息深度计算与智能处理领域，形成完整的"深系列"产品链，包括面向智能语音领域的"深音"系统，面向人工智能舆情挖掘的"深眼"系统，融合信息深度处理的"深信"

系统，以及面向音乐智能处理领域的"深乐"系统。

"北科瑞声在以语音和文本为核心的融合信息处理技术上，拥有完全自主的知识产权。相比传统大数据公司，我们拥有领先的以语音为核心的融合信息智能处理技术；相比通用领域的大公司，我们拥有行业融合信息深度挖掘分析的领先技术；相比智能语音龙头企业，我们拥有更灵活的行业定制私有云语音识别搜索产品。"刘轶冷静地分析，"随着证券市场的发展，人工智能技术在证券投资领域的应用正成为下一个互联网金融的热点。金融证券业将是人工智能率先爆发和产业化的领域，市场空间巨大。我们深耕金融证券领域，与深圳证券信息有限公司合作多年。未来互联网海量融合信息智能处理系统将拓展到大数据医疗健康、移动教育应用等领域。"

刘轶透露，在新三板挂牌后，北科瑞声将借助资本的杠杆作用，又好又快地发展。说起创业心得，他意味深长地说："我对于融资方面的想法是，投资人一般是锦上添花，很少会雪中送炭。所以，一方面，要先扎实地做好公司内部业务及稳定团队，提升公司在细分领域的竞争力，更多地让资本来追逐我们，而不是我们去追逐资本；另一方面，要寻找合适的战略合作伙伴，不仅为了获得资金，更希望能给公司带来政策、资源等多方面的支持，帮助公司更好地发展。"

【创业心路】

创业成功的经验不可复制
刘轶

　　我们这类在高校当过老师又创业的人，一般被称作"学院派"。我们的特点是以技术为本来创业，而且大多数人具有高校情结。

　　作为典型的"学院派"，我的优势体现在技术积累和对人才队伍规划更成熟上，但短板也很明显，就是市场销售方面经验不足。在高校，我的主要任务是教书育人，科研工作侧重于原创性算法，发表高质量的学术论文。而创办企业则强调要满足市场的需求，即使技术再领先，如果不能解决市场的痛点，那也毫无用处。

　　谈到创业，由于前期技术积累投入很大，我也曾迷茫过，而最终之所以能坚持下来，靠的是坚定的信念以及团队的努力和支持。创业首先要有核心的技术，产品要适应市场。另外，团队的稳定性也很重要。要找到适合自己发展的路，逐步实现梦想。

　　梦想是很好的，但很多创业成功经验是不能复制的，所以现在的创业者或者创业团队，要根据自己所处的环境和条件，找到适合自己的路，而不是参考过去成功的案例就可以走向成功。

　　成功的创业者，身上往往具有三个共同元素：实力、机遇、坚持，三者缺一不可。实力是创业的基石，当有了发展的机会，则要懂得抓住。创业者内心其实是很寂寞的，要承受很多委屈，但很多又不能讲，还要做很多决定——属于生或死的决定，而且很多决定会连带影响跟你一起干的伙伴的命运，所以成功者都是耐得住寂寞并且能承受巨大压力的人。

【创业法则】

保持专注可以提高创业的成功率

北科瑞声是从研发语音音频技术起步的，而刘轶更是在语音语言处理领域有超过二十年的研发和产业化经验，他的成功之道就是"专注"。

与很多同时代的创业公司不一样的是，刘轶在创业初期，甚至到后来快速发展阶段也没有进行融资，第一轮融资是在登陆新三板之后。他说："2008 年，企业成立之初，我们就一直埋头做研发，直到 2012 年下半年才完成算法积累、人才聚集，产品也逐渐成熟，这个时候我们才开始有规模地销售。我一直认为，保持专注才能增加创业的成功率，所以我们就专注于语音语言处理技术。后来我们进入大数据研究，其实这也是从研究智能语音衍生出来的。大数据是可以涵盖很多领域的新技术，而我们只专注于金融证券和新媒体这两个行业。"

刘轶说："在学校多年的任职经历，对学术研究的沉淀，让我在创业的时候能专注地去做好每一件事，希望能坚持走出一条'学术派 + 应用派'的创业路。技术转化可能会遇到困境，例如技术水平足以达到应用的层面，但与之配套的硬件、算法和应用场景却没有相应完善或者成熟起来，很多创业者不得不等着产业与市场接入的最佳时机，所以一定要有耐心。"他所说的"专注""有耐心"，就是指要在自己熟悉的领域精耕细作，等待时机，而不是"萝卜好卖时就卖萝卜，白菜好卖时再改卖白菜"的跟风做法，因为这样反而增加了创业的风险。

【人物档案】　♀　刘轶

　　刘轶，博士，毕业于香港科技大学，美国约翰·霍普金斯大学访问学者，深圳市北科瑞声科技股份有限公司董事长，科技部创新创业人才。2014 年入选广东特支计划首批 30 名科技创新领军人才，是深圳企业唯一入选人才；2015 年入选深圳市十大鹏城杰出人才；2016 年入选深圳市南山区领航人才；2017 年入选深圳市十大创新创业人物。

李灏：手机边框触控技术的引爆者

2017 年夏天，宏达国际电子股份有限公司（HTC）发布的最新旗舰手机 HTC U11 备受瞩目。这款风靡全球的手机加入了颇具创新意味的边框触控功能（Edge Sense），用户可以通过挤压手机边框进行拍照、缩放页面等操作。你或许不知道，这项边框触控功能源于深圳纽迪瑞科技开发有限公司，这是由海归博士李灏创办的高科技企业。

李灏为何会想到做手机边框触控技术研发呢？从美国摩托罗拉公司的研发大咖到深圳一家初创企业的掌舵人，他的归国创业道路又有怎样的轨迹？李灏笑谈："我做单纯的技术研发工作十年，所以开始创业的时候，总希望有一个人能带我上路，教我如何去创业。后来，我很快就发现不会有人给我带路，所有的决定都要自己去做。孤独与焦虑是创业者的常态，而且每个坑都是要自己去跨越！"

需要做一件事情来获得满足感和成就感

2001 年，29 岁的李灏毕业于美国马里兰大学，获得材料科学博士学位，毕业后在美国摩托罗拉公司中心研发部担任高级工程师。

虽然，在摩托罗拉公司工作期间，李灏也取得了诸多成绩与荣誉，包括：获得 22 项美国专利授权；在《科学》（*Science*）、《物理评论快报》（*PRL*）《应用物理通讯》（*APL*）《物理评论 B》（*PRB*）《应用物理学杂志》（*JAP*）等国际期刊发表论文 30 余篇；2002 年获美国弗若斯特沙利文（Frost & Sullivan）年度科技奖；2007 年获亚洲显示年会（ASID）最佳论文奖；2009 年获《华尔街日报》科技创新奖，但在夜深人静的时候，他心里总会升起一种莫名的空虚感。

李灏说，他的业余时间常常在自家的车库里度过。他买了锯子、斧子等很多工具，一有空就做木工，以此来填充内心的空虚，获得某种满足感。他回忆说："我在摩托罗拉公司工作的最后那几年，感觉人浮于事，自己在浪费青春。我觉得不能对社会做出太大的贡献了，所以需要做一件事情来获得满足感和成就感。"

于是，回国创业成为萦绕在他心头的一个梦想。他希望自己发明的东西能成为人们日常使用的产品，能够用技术创新为社会做出更大贡献。

2011 年年初，李灏带着一份介绍压力感应最新技术成果的演示文稿来到深圳，在朋友介绍下认识了投资公司东方富海的董事长陈玮。经过几次沟通，东方富海决定给李灏的项目提供天使投资资金 1600 万元。那年 4 月，李灏在深圳注册成立一家专注于压力感应的高科技公司——深圳纽迪瑞科技开发有限公司（简称"纽迪瑞"）。"纽迪瑞"是英文 New Degree Technology(新维度科技）的音译。这恰恰透露了李灏的梦想：用压力感应触控技术打开人机交互的新维度！ 2016 年，纽迪瑞在美国成立全资子公司，负责技术研发及打开国外市场工作。

创业早期，李灏过得非常艰难。因为项目如果要成功推进，必须解决从材料到器件，再到软件和硬件等一系列产业生态环节上的问题，这是一个非常漫长且艰难的过程。李灏一开始就组织了十来人的研发团队。五年后，团队规模达到150余人，吸引了一批优秀的博士加盟，例如负责工程管理工作的白桂雨曾在英特尔工作多年，负责美国销售工作的帕普·马尼亚（Papu Maniar）是普林斯顿大学的博士后。"我们团队有博士7人、硕士18人，还有几位是美国人。这是一支国际化水平很高、管理能力很强的专业团队。"李灏自豪地说。

2013年，经深圳市侨办推荐，纽迪瑞公司在国侨办评选的第三批重点华侨华人创业团队中脱颖而出，成为深圳市唯一入选该批次的团队。

将金属变成触屏

2016年8月，美国著名商业杂志《快公司》（*Fast Company*）评选出"2016年中国商业最具创意人物100"。作为该杂志在中国地区的第一份创意人物榜单，它跨越了所有领域，把企业家、工程师、社会人士、设计师、科学家等不同身份的人用"Creative"（创意）连接在一起。经过专业评选，纽迪瑞创始人李灏荣登榜单，成为2016年中国商业最具创意人物之一。不仅如此，纽迪瑞也连续于2016年、2017年入选该杂志评选的"中国最佳创新公司50"。

不同于商业模式的创新，纽迪瑞所做的属于硬件创新。对硬件行业的创新，李灏有深刻的体会。硬件创新没有顿悟，是靠慢慢积累熬出来的。将金属做成触屏一直是业界的难题，纽迪瑞不仅在触摸屏行业提供成熟的压力屏触控技术解决方案，而且在金属元器件制作行业提供了一种解决方案——金属压力传感器。简单地说，就是将普通的金属表面变成触摸屏幕，而这项技术为全球首创。

李灏向笔者展示了一款利用压力加密面板生产的压力键盘。和其他键

李灏（左二）在《快公司》2016 年中国最佳创新公司 50 颁奖典礼上

盘的最大不同之处在于，这块金属键盘上没有任何凸起的实体按键，具有一体式外观，面板上 0 ~ 9 这十个数字按键均能感知触摸的压力。触摸压力力度分为低、中、高三个等级，键盘上方的彩色 LED 会识别输入的压力力度。这使得密码的设置不再是简单的数字组合，从而极大提高了信息安全性。

　　能将普通的金属表面变成触摸屏的秘密在哪里？李灏说，其实只需要一层薄薄的膜，但这层膜却是最关键的"压力感应层"，也是纽迪瑞的技术核心。将它贴在金属的背面，即可以将金属变成触屏。

尝到了满足客户需求的甜头

　　这样一项全球首创的顶尖技术，曾经获得 2014 年 CES "创新设计与工程奖"，却没有在市场上获得认可。一直到 2015 年，才实现了批量出货。这里面的原因是什么？李灏说："只有满足客户需求的创新才叫有价值的探索，否则创新只是你头脑里的臆想。我们找到客户的需求之后，又想办法解决了这个需求，才顺利打开了市场。"

当时，纽迪瑞的销售人员联系了美的抽油烟机的生产厂家，向其推销将金属变成触屏的新技术，希望将抽油烟机的按键全部用压力触控屏代替，这将使抽油烟机具备防水、防油、便于清洁的优点。没想到美的的技术人员说，这个压力感应层的安装方式太复杂了，没法满足生产的需要。

一听市场反馈，李灏马上意识到这就是客户的痛点。这让他意识到，再先进的技术也必须好用，要方便客户安装生产。于是，他抽调所有的研发人员，花了三个月时间，开发出"即贴即用"的功能模组。

国内生产抽油烟机的名牌企业老板电器很快就采用了纽迪瑞的新技术，每月出货几千套压力感应模组，这让李灏尝到了满足客户需求的甜头。

给我一个平面，我就给你测量压力

纽迪瑞的压力触控产品在专业市场上早已是业界广为知晓的"黑科技"了，其产品很早就实现了"即贴即用"功能，可以摆脱操作面板的设计形态和材质限制，被广泛应用于多个行业的多种设备上。纽迪瑞可向市场提供成熟的压力触控和金属面板压力按键解决方案，产品包含手机压力屏模组、手机压力侧键模组、家电金属面板按键、压力加密键盘等，可广泛应用于手机、消费类电子、家用电器、安防监控等领域。

纽迪瑞领先的压力触控解决方案具有完整的自主知识产权，2015年就配合中兴通讯研发出全球第一部压力触控智能手机。

李灏介绍，早在2007年苹果手机推出多点触控（Multi-touch）之后，人机交互技术就开始进入大家的视野。随后，三星开始在手机上推出屏幕手写功能，并且推出了曲面屏。接着，苹果手机又推出压力触控（Force Touch）。他们认为手机界有两个革命：第一个是多点触控，第二个就是压力触控。

　　关于纽迪瑞的压力触控技术，李灏说："它有四个特征：柔性、高灵敏度、即贴即用、低成本。柔性压力传感器是我们最核心的技术。能够同时拥有这四个特性的传感器的，应该说世界上只有纽迪瑞一家。只有我们能够把它生产出来。中兴手机人机交互功能之所以做得非常不错，也是因为使用了纽迪瑞压力触摸屏。这是一个非常庞大的市场，比如在机器人、电子皮肤、医疗监护等领域，压力传感器都有举足轻重的地位。"

　　据了解，在现有压力检测方式上，除了纽迪瑞的技术之外，还有一个比较流行的技术，即电容式检测——通过两个极板间的距离变化来检测压力，当有压力之后，两个极板距离会发生变化，通过检测微小距离变化就可以识别到底有多少压力。"但是这在我们 3D 曲面构造中就会碰到一些非常难解决的问题。对于双层结构，间距的一致性非常难以控制，一个地方很厚，另一地方就会很薄，电容值和极板间距又是成反比关系，这在工程上将是一件非常麻烦的事情。"

　　在曲面弯曲的地方，形变非常小，这导致利用电容式方案做出的曲面压力触控出现问题。李灏解释："我们创造性地研发了一个微压力应变器，通过直接感受面板变形来感受压力。这是一个独立的模组，等于把它直接贴在一个显示屏上。比如，我们跟天马合作，天马 OLED[①] 拿过来直接贴上纽迪瑞的压力膜。我们并不关心是 3D 曲面还是 2.5D 平面，或是 2D 的玻璃平面。给我一个平面，我就给你测量压力。电容触控一旦跌落或者扭曲就会改变距离。距离一旦改变，测量就会不准，甚至出现很多误报，这是很多厂家都碰到的问题，一直无法解决。

　　"它（纽迪瑞的压力触控解决方案）既不会像光学技术一样受环境、

————————

① 有机发光二极管（oganic light-emitting diode）。

光线和边框材质的影响，也不会像其他技术一样降低边框材料的强度，可以完全隐形地实现触控功能。"李灏欣慰地说，"已经有越来越多的客户利用纽迪瑞的压力触控技术来实现诸如相机按键、快捷手电筒、截屏、复制粘贴、游戏力度值、社交软件自拍及直播操作等功能。特别是一些单手操作困难的大屏手机，无边框设计的 2.5D、3D 曲面显示屏手机，平板电脑，二合一笔记本电脑等流行产品。"

李灏介绍，目前纽迪瑞的研发重心仍然是继续优化整合压力触控方案的产品结构设计与器件功能融合。其中，不断追求传感器的硬件完美性、与显示器件内嵌集成后的技术兼容性将是现阶段的重点攻关项目。此外，不断降低行业的综合使用成本、用户的采购成本等，则是纽迪瑞一直努力的方向。

据了解，纽迪瑞独家开发的智能手机边缘触控新技术已经与谷歌、HTC、LG 等多家知名企业签订合作合同，2017 年实现销售收入 9700 万元，2019 年销售有望突破 10 亿元。李灏乐观地预测："2017 年度出货 1000 万条压力触控模组，2019 年度将实现 1 亿条。这也就意味着将达成将纽迪瑞的技术做成业界默认的行业标准的梦想。"

优秀的投资商仿佛是嗅觉最灵敏的猎犬，对有望站上风口的企业都会提前注资。早在 2015 年 7 月，光量资本领投，三星风投和中兴合创跟投，一共给纽迪瑞投资 5200 万元；2017 年年初，中芯国际领投，中建投和中车跟投，再一次注资 5000 多万元，这时纽迪瑞估值已达 5 亿元。

业界人士表示，压力触控跟屏幕手写一样，是大中华地区用户固有的使用习惯，是一个黏性很强的人机交互功能。目前，行业从业人员一直在努力挖掘相关的应用场景来增加压力触控的打开率，在为终端设备厂商简化设计的同时，也为用户提供更简便的操作，以提高人机交互效率。不管是从硬件设计需要出发，还是从应用软件端吸引用户参与度，一旦行业找到一个使用场景的引爆点，压力触控产品也将会迎来一波类似当年电容触摸屏一样的大行情，给相关产业链上的厂商带来丰厚的回报。李灏认为，智能手机边缘触控新技术就是一个市场引爆点，这个风口将在不久后到来！

【创业心路】

满足客户需求才能接地气

李灏

对于初创企业来说，市场是先导，因此要先找到客户的痛点，想办法找到解决方案，这样技术才能落地生根，创业才能迈出第一步。

很多留学博士归国创业，都过于依赖"高大上"的技术，却忽略了国内既没有成熟的产业环境，又没有具体的客户群体画像的现实情况。如果没有想办法满足市场的真实需求，那么项目很可能就做不下去，最终半途而废。

我们也曾经历过这样的苦痛。我们将一流的技术成果带到国内来进行产业化，先按自己的设想做出了东西，结果产品却只叫好不叫座，根本没有人下订单，这样的东西有什么用呢？后来，我们按照抽油烟机客户提出的具体需求，经过艰苦的技术攻关，最后创造性地发明了"即贴即用"产品，才得以顺利打开抽油烟机的市场。比如，老板电器每月要订购几千套我们的压力触控产品。

初创公司有一个先天优势，就是跑得快，但做硬件毕竟不是百米冲刺，跑得快的同时还要跑得远。这就需要一个提供补给的驿站，那就是我们要服务的客户，有了客户的支持，就等于有了补给的驿站。只有满足客户需求的创新才叫探索，否则创新只是你头脑里的臆想。

不论技术多么先进，海归创业者都要明白一个真理：满足客户需求才能接地气。

【创业法则】

不找借口，数据说话

一走进位于深圳市光明区光明科技园的深圳纽迪瑞科技开发有限公司大门，迎面就看见墙壁上印着八个大字："不找借口，数据说话。"这正是纽迪瑞的成功秘诀。

李灏强调，纽迪瑞公司的每个员工不找借口，只认功劳，不管苦劳，公司的日常管理都按照结果来评价。"因为对于初创的公司来说，放眼望去只有困难，没有多少便利的条件。而要找借口非常容易，每个人都会不由自主地趋利避害。因此，有必要天天提醒自己不顾一切地解决问题。如果用各种借口敷衍，那么最后所有问题都会成为老板的事情，这是我不允许发生的现象。"

可以说，"不找借口，数据说话"既是李灏的经营管理法则，又是纽迪瑞的企业文化。需要践行的东西不仅写出来，贴在墙上，更是周周宣讲，月月贯彻，一直往前推动，以至于每一位纽迪瑞的基层员工都不找借口，而是想尽办法解决问题。正是凭借这样一种务实的态度，纽迪瑞才稳扎稳打地发展壮大起来。

【人物档案】 📍 李灏

　　李灏，博士，毕业于美国马里兰大学，深圳纽迪瑞科技开发有限公司董事长。曾任摩托罗拉中心研发部高级主任工程师，获得 22 项美国专利授权；在国际期刊发表论文 30 余篇；2002 年获美国弗若斯特沙利文（Frost & Sullivan）年度科技奖；2007 年获亚洲显示年会（ASID）最佳论文奖；2009 年获《华尔街日报》科技创新奖；2016 年入选美国著名商业杂志《快公司》"2016 年中国商业最具创意人物 100"。

黄源浩：顺势引领 3D 传感器站上潮头

在深圳高新区联合总部大厦，有这样一家年轻的创业公司，在消费级 3D 传感器领域可与微软、苹果、英特尔等国际巨头媲美。而在 3D 传感器即将成为手机和电视机标配的前夜，它已经幸运地站在了风口上。它就是深圳奥比中光科技有限公司（简称"奥比中光"）。

鲜为人知的是，这家企业的创始人是一位"80 后"帅小伙。奥比中光成立第三个年头就实现了盈利，每年的销售额以 3 倍以上的速度增长。这是美国麻省理工学院博士后黄源浩在深圳创下的奇迹。

一直都有创业的梦想

2002 年，黄源浩北京大学本科毕业后，先后在中国香港以及新加坡、加拿大、美国等地从事研究，一直专注于 3D 光学测量领域。

"我先在新加坡国立大学机械系攻读光学测量专业的硕士研究生。2004 年到香港城市大学读博士，导师是光学测量和激光无损检测领域的国际泰斗洪仁教授。他在工程化、产品化方面的能力非常强，一些发明成果在工业界已经得到了应用。2009 年到 2012 年，我先后到香港理工大学、加拿大瑞尔森大学、美国麻省理工学院做博士后研究，几乎是一年换一个单位，主要是希望寻找创业的良机。"黄源浩说，如果是做纯学术研究，肯定是要把一个课题做深做透。但作为土生土长的潮汕人，他从小就受到浓厚商业氛围的熏陶，一直都有创业的梦想。而且，他在每个机构所接触到的课题都不同，可以说通过四年的游历彻底打开了他的眼界。

在香港理工大学，在法国科学院院士吕坚教授的研究组，黄源浩学习把激光干涉、散斑匹配等光学测量方法用于飞机碳纤维复合材料的质量检测；在香港城市大学，他学习如何将光学测量用在生物学研究方面，这属于微纳光学范畴；在加拿大瑞尔森大学，他从事机器视觉、视觉伺服领域的课题研究；在美国麻省理工学院，他主要在光学全息方面的世界顶级专家乔治·巴巴斯塔蒂斯（George Barbastathis）教授的 3D 光学系统组做研究，这属于物理光学范畴。他一边学习一边思考，哪个光学技术成果适合产业化呢？

2013 年年初，在完成美国麻省理工学院博士后研究后，黄源浩带领团队在深圳留学生创业园成立了深圳奥比中光科技有限公司。

"一开始，我们主攻的方向是工业用 3D 传感技术。我们开发出利用光学方法测量轮胎内部是否有气泡的专用无损检测仪器，样机都做出来了，还准备开发牙科医生用的'入口式 3D 牙齿扫描仪'。但在 2013 年 4 月份，公司股东开会的时候，有股东提出这些产品的市场容量不够大，对人类生活的影响也不够深远，他希望我们寻找拥有更大规模应用方向的项目。"黄源浩回忆，他和团队很快意识到，仅仅依靠工业市场，很难成为一家具有国际影响力的企业。经过对市场需求的调查和对自身技术优势的分析，奥比中光成立四个月后，便转向了消费级 3D 传感器的研发。

他说："如果仅仅采购部件完成组装整合，不出一年就会有大量竞争对手出现，所以我们在上海和美国西雅图设立了专门的研发机构，全力研发 3D 计算芯片的核心技术。可以说，从那时起，奥比中光就树立了远大的目标，那就是将'中国制造'变成'中国创造'，让中国在人工智能领域拥有世界级的核心产品，让中国在人工智能领域赶超世界水平。"

他们梦想成功，憧憬财富，希望像腾讯、华为、中兴这些神奇的企业一样，创造自己的传奇故事。也许，他们的名字将来会和这些"深圳名片"一样让世界耳熟能详。

奥比中光最珍贵的宝贝

有着多个国际一流科研机构博士后研究经历的黄源浩，始终坚持技术是创新创业企业发展的基础，尤其是科技类创业公司，一定要掌握最核心且远远领先于竞争对手的技术。

"消费级 3D 传感器涉及光学模组、芯片设计、核心算法、SDK[①] 开发，以及供应链量产管理等，是一个复杂的交叉学科。目前，行业仍处于发展初期，技术领先是获得客户认可最重要的因素。"黄源浩介绍。

为了生产出全球性能最佳的消费级 3D 传感器，奥比中光从成立伊始就坚持全自主知识产权的开发策略。成立第一年，奥比中光就在上海成立团队，专门从事 3D 计算芯片的开发设计，为的就是掌握自主的 3D 计算芯片技术，以期与国际巨头竞争，并拉开与国内竞争对手的差距。2014 年 1 月，奥比中光在当年的 CES 上展示消费级的 3D 传感器样机。该产品的实际效果与当时微软 Kinect[②] 设备的性能差不多，引起国际同行的关注。

---

① 软件开发工具包（Software Development Kit）。

② 微软 xbox360 游戏机体感周边外设。

黄浩源（中）与他的团队

2015 年 7 月 28 日，奥比中光第一代芯片研发成功。这块长 7 毫米、宽 7 毫米、高 1.4 毫米的约指甲盖大小的芯片，是奥比中光最珍贵的宝贝。这标志着奥比中光打破了外国公司的技术垄断，填补了国产消费级 3D 传感器领域的空白。

从科学家真正变身为企业家，其实有很长的路要走。同样，从院校的科研工作者到企业家，对黄源浩来说是一次跨度颇大的转型。"在我看来，创业比创新更难。过去在机构里做研究，只要是新的、前沿的技术，没人研究过的，都可以尝试。但经营企业却完全不同。技术是唯一的，产品却有成百上千种类别和形态。究竟哪种产品形态具有巨大的市场前景呢？"作为企业的"掌舵人"，黄源浩必须花大量时间去考察、研究各种不同的产品方向，以确定公司的战略定位。

"战略定位看似简单，但一旦定位有偏差，就可能会给公司带来巨大的损失。"他感慨，在创业路上的困难和压力，丝毫不少于克服顶级的科学技术难题遇到的困难和压力。

创业过程必然是艰难曲折的。不过令黄源浩颇感欣慰的是，公司从成立时的不足 10 人，发展到如今超过 100 人，其中研发人员占比超 70%，核心研发人员包括多位来自麻省理工学院、奥克兰大学、加州大学伯克利分校、新加坡南洋理工大学等国际名校的博士后，同时包括曾任职于苹果、IBM、AMD[①] 等世界 500 强企业的资深技术专家，也吸引了北美最大的 3D 社区 OpenKinect[②] 的创始人加盟。黄源浩说："成立三年多来，公司中高层没有人员离开过，普通员工离职总数也仅为个位数。且大部分中高层管理人员都是自愿降薪来投，甚至有人从南京、苏州、西安等地举家来深。这让我非常感动。优秀人才是企业长远发展的源泉，为了吸引及留住更多的优秀人才，公司也采取了股权激励的方式，让员工以主人翁的姿态为公司的发展助力。"

他们拥有一流的教育背景、聪明的头脑、自信乐观的心态、勤奋踏实的工作态度，特立独行，执着追求，赢得了市场的认可与业界的尊重，也得到了深圳市政府的大力支持。奥比中光于 2014 年获得政府 4000 万元资助。经过持续攻关研发，2015 年 11 月，奥比中光实现消费级 3D 传感器的量产销售，第一代产品主要应用于电视机、机器人等消费电子领域。

一谈起 3D 传感器的技术和应用黄源浩就滔滔不绝。他说："3D 传感器作为人工智能最重要的视觉感知核心硬件,可以让智能设备拥有'双眼'。它可广泛运用于电视、手机、平板电脑、机器人、无人机、VR/AR、智能家居、智能安防、汽车驾驶辅助等行业。截至 2018 年年底，奥比中光公司的产品已渗透到电视、PC[③]、机器人、VR、安防、无人机等数个行业，

---

① 美国超微半导体公司（Advanced Micro Devices）。

② 一个开源社区，致力于使 Kinect 能够在 Windows、Linux 和 Mac 等平台上使用。

③ 个人计算机（Personal Computer）。

已经与惠普、创维、联发科技等数十家知名企业进行业务洽谈与技术对接。"

奥比中光成为国内第一家自主完成 3D 计算芯片与 3D 传感器量产的公司，也成为继苹果、微软、英特尔三家 IT 巨头后，全球第四家量产全自主知识产权 3D 传感器的公司。

拥有一流技术的创新型企业历来是资本市场的宠儿。2016 年 9 月，奥比中光获得了全球第二大芯片方案与服务提供商联发软件设计（深圳）有限公司（简称"联发科技"）的战略投资。黄源浩自信地说："这是国际性的公司对奥比中光产品与技术的认可，是 2016 年对公司具有重大战略意义的一步，它让奥比中光迈上了一个发展的新台阶。"

消费级 3D 传感器站上风口

黄源浩说："我们比较幸运的是，由于苹果手机 iPhone 8 前置镜头将配置 3D 传感器，以后推出的苹果电视也将配置 3D 传感器，这就顺带将我们奥比中光推上了风口。"

专家指出，在创新匮乏的后智能手机时代，声光变化带来的交互功能是手机向智慧手机演进的一个方向，也是人机交互的重要接口。摄像头正是目前手机创新的一大发力点，iPhone 8 的前置镜头配置 3D 传感器，不仅支持增强现实技术，还可以与相机配合，完成面部识别验证。

黄源浩谈及 3D 摄像头的发展趋势时指出："3D 摄像头在手机上的应用大概需要三年至五年走向成熟。五年后，3D 摄像头可能会取代 2D 摄像头成为手机的标配，市场潜力巨大。"

据他介绍，苹果对 3D 业务的布局可以追溯到 2013 年收购 3D 体感

技术提供商 PrimeSense^①——微软 Kinect 设备早期的技术提供方。"当时
PrimeSense 每年销售 3D 传感器 10 万个，被苹果收购后，PrimeSense
原来的客户绝大部分都转向采购奥比中光的产品，这给了奥比中光安身立
命的机会。而苹果基于 PrimeSense 的方案潜心雕琢四年的手机 3D 传感器，
在 2017 年年底引发手机 3D 摄像头的潮流，这又给奥比中光创造了更大的
机会。"

相比普通 2D 摄像头，3D 摄像头究竟有哪些优势呢？"3D 摄像头捕
捉的像素是带有距离信息的。"黄源浩介绍，正因为有了更多维、更精准
的信息捕捉功能，设备才能够识别物体的三维信息，看得更多、更精确，
好比装上了智慧眼。这将在人脸识别、手势识别、背景虚化、游戏交互等
多方面得到应用。

业内专家分析，目前的 3D 摄像头有结构光和 TOF^② 两种方案。TOF
在距离较远时的测量精准度较高，而结构光方案可以将 3D 摄像头做得体
积和功耗更小，图像分辨率也更高，而且近距离精度比 TOF 方案的还略好，
所以业界认为手机的前置 3D 摄像头将采用结构光方案，而后置 3D 摄像
头更适合 TOF 方案。奥比中光目前拥有的前置 3D 摄像头选择的是结构光
方案，而后置摄像头，奥比中光正在研发具有结构光和 TOF 优点的混合
方案，预计 2019 年面世。

据麦姆斯咨询 2015 年发布的一份报告，2015 年 3D 传感器市场规模
为 10.6 亿美元，2016 ～ 2022 年的复合年增长率为 26.5%，2022 年将达
到 54.6 亿美元。2015 年，北美地区占据全球 3D 传感器市场的最大份额，

---

① 一家以色列 3D 传感技术公司。

② 飞行时间（time of flight）相机技术的缩写。

亚太地区对先进技术设备的需求正在增加，而且 2016 ~ 2022 年亚太地区的增长速度最快。

面对这样一个巨大的蓝海市场，奥比中光借势迅猛出击。截至 2017 年年底，奥比中光与全球超过 500 家公司达成业务合作，全球有 10 家世界 500 强企业使用奥比中光的 3D 传感器进行产品开发。目前，国内主流手机厂商正纷纷与奥比中光进行接洽。

虽然，苹果对于 3D 摄像头的选择让黄源浩幸运地站在了"风口"上，但他也直言压力巨大，还有很多工作需要持续跟进。

黄源浩称，当前，3D 摄像头在智能手机上大规模应用的最大瓶颈在于，研发团队对新事物经验不足，各个环节都要经历从不熟悉到熟悉再到成熟的过程，需要时间去打磨。他透露，"包括奥比中光的芯片，激光投影模组、红外摄像模组都已经做出来了，都在紧张测试阶段。我们还需要和手机厂商紧密配合，还有各种各样的实验，还会发生一些问题，然后就要想办法解决所有的问题。"

黄源浩说，大概率事件是，2017 年安卓阵营在年底推出相关机型，但是可能只是一两家，大规模起量要过一两年，那时主流厂商都会来尝试。根据奥比中光规划，近年"主打的产品是针对手机市场，如果手机可以使用，AR/VR、无人机、智能家居等领域产品都可以用我们的第二代芯片"。

要做物联网和人工智能的引擎

据奥比中光财务总监陈彬透露，公司在 2016 年实现了盈利，预计未来每年实现营业收入增长 3 ~ 4 倍，如果发展顺利，争取在 2018 年开始创业板 IPO[①] 准备。

黄源浩表示，目前第三代芯片和模组也在预研中，希望能够解决汽车自动驾驶的一些问题。3D 传感技术用于汽车上，必须解决远距离、固态面阵高分辨率、高可靠性、高稳定性的难题，还有在各种光照情况下都要能正常使用，这些都是需要进行技术攻关的地方。"未来奥比中光将专注于消费级的 3D 传感器研发，目标是三年内在全球 3D 传感市场的份额超过 50%。"

"3D 摄像头给各种视觉人工智能算法提供了更丰富的信息，是视觉人工智能的共性硬件需求。在未来，我们要做物联网和人工智能的引擎，我们希望通过技术为更多的人带来便捷智能的生活体验与享受。"黄源浩的语气里透出自信。

成为一家在人工智能领域有国际影响力的公司，一直是黄源浩创业的初衷与梦想，也是奥比中光为之努力的目标。随着人工智能的兴起，在不远的将来，中国一定会诞生一家在人工智能感知领域举足轻重的企业，而作为具有领先技术与先发优势的奥比中光，无疑是较有可能的企业之一。

---

① 首次公开募股（initial public offerings）。

【创业心路】

创业并不适合每一个人

黄源浩

我认为，创业并不适合每一个人，那些爱折腾、不甘寂寞、有韧劲的人才适合创业。

打工和创业完全是两回事。打工的时候，相当于在一个大体系里做一颗"螺丝钉"，按照企业的流程、规定，做好本职工作就可以了；创业了，就是做了企业的"掌舵人"，要做好全盘工作，责任更为重大，工作非常劳累。创业者事先要有这样的基本认识和充分的心理准备。

【创业法则】

准确预测技术发展趋势是成功的诀窍

黄源浩的创业经历告诉我们，顺势而为，准确判断技术发展的趋势，是创业成功的诀窍。

黄源浩在几年前就预判消费级的 3D 传感市场会热起来，而且及早地部署针对电视、手机、机器人等消费类电子产品的 3D 传感器研发战略。这样就具有先发优势，等其他厂家跟进的时候，他们已经开始下一代产品的研发了。

因此，创业者的眼光和胆识非常重要，要对未来产业发展趋势做出准确的判断。当然，这种判断一定是建立在深厚的专业知识和正确的市场认知的基础之上的。

【人物档案】 ♀ 黄源浩

　　黄源浩,深圳奥比中光科技有限公司创始人。先后在中国香港、新加坡、加拿大、美国等地七大国际研究机构学习并开展研究工作,一直致力于光学 3D 测量的研究。2013 年年初,在完成新加坡－麻省理工技术研究联盟(SMART)博士后研究后,归国创业,致力于 3D 视觉与人工智能方向的研究与开发。

陈宁：精心打磨"深目"，助建平安城市

在好莱坞的科幻大片里面，曾出现过这样一套功能强大的追踪系统：它可以调动全球的视频监控资源，对任意个体进行实时定位，对犯罪分子秒级锁定。这样的"天眼"系统竟然由深圳一家高科技公司研发出来，率先实现了"亿万人脸，秒级定位"，将科幻带到现实。

走进这家成立才三年的企业——深圳云天励飞技术有限公司（简称"云天励飞"），顿时被它的独特之处吸引：由陈宁和田第鸿博士联手打造，曾经凭借过硬技术实力入选国务院侨办重点华侨华人创业团队。2016 年，云天励飞在深圳搭建了一套区域级的"天眼"系统，并且借助这套系统颠覆式的实战效果，协助深圳公安系统在短短的几个月之内破获了几十起大案要案。

深圳云天励飞技术有限公司联合创始人兼 CEO 陈宁说："我们通过机器学习和新型处理器芯片设计的跨界创新，突破了人工智能大规模产业化的瓶颈，并且在安防领域获得推广应用，形成巨大的社会效应，这是最让我们自豪的地方。"

自己做自己的"天使"

陈宁是美国佐治亚理工学院电子工程博士，中国第一套商用矢量处理器指令集架构的设计者，曾任中兴通讯 IC 技术总监、美国飞思卡尔半导体公司多模终端芯片架构师、4G-LTE 国际标准首席代表，拥有近 30 项已授权国际专利，其中 13 项被苹果公司购买。

田第鸿不仅是陈宁在美国佐治亚理工学院读书时的同学，而且还是他志趣相投的好朋友。闲暇之时，他们常常在一起探讨技术问题，围绕电子信息行业未来会往哪个方向发展的话题多次进行辩论。陈宁说："我认为处理器芯片的设计决定着电子信息产业发展的节奏，而田博士认为机器视觉的算法是更为关键的技术，会影响电子信息产业发展趋势。"

这样的"辩论"从来没有输赢，只有灵感的火花不断在产生。博士毕业后，陈宁进入摩托罗拉／飞思卡尔半导体公司，成为处理器领域的专家。田第鸿则进入思科，是公司"网真"部门的第一个博士和后来的技术主管，后来到美国三星显示实验室担任高级主管工程师，成为计算机视觉领域的专家。2013 年年底，陈宁和田第鸿不约而同地看到一个趋势：视觉智能技术的发展已经接近大规模应用的临界点。

"我们当时判断人工智能已经到达一个大规模产业化的拐点，于是决定通过机器学习和新型处理器芯片设计的跨界创新，突破人工智能大规模产业化的瓶颈。这是一个什么样的瓶颈呢？拿 AlphaGo[①] 来说，它曾在 2016 年 3 月战胜李世石（韩国著名围棋棋手）。大众认为人工智能已经超越了人类最强的大脑，但是大家没有看到在过去几年的训练过程中，

①　国内俗称其为"阿尔法狗"，是谷歌旗下 DeepMind 公司研发的人工智能机器人。

AlphaGo 使用了 1920 个 CPU[①] 和 280 个 GPU[②]。这么海量的硬件平台只是承载一项围棋比赛，而且它在训练过程中单独下一盘围棋的电费就要上千美元，由此可看出人工智能商用化仍面临诸多障碍。也就是说，以往的硬件设计已经不能满足人工智能海量数据的处理需求。"于是，陈宁和田第鸿想到结合各自的优势，通过机器学习和新型处理器芯片设计的跨界创新来突破这个瓶颈。

于是，陈宁辞去之前的工作，于 2014 年 7 月飞到深圳探路——陈宁曾参加龙岗区在美国硅谷举办的"硅谷直通车"招商引智活动。在活动中，龙岗区领导"用市场换技术，把科研成果转化为好的产品，使其产生经济效益和社会效益"的表态打动了他。很快，陈宁就和田第鸿在龙岗区注册成立了深圳云天励飞技术有限公司。办理营业执照和公章时，从申请到办好他们只用了 4 个小时。2014 年 8 月 27 日，云天励飞正式成立，当时深圳市委组织部和市科协创办的"国际创新驿站"给云天励飞提供了早期孵化的场地优惠服务。

为何要选择来深圳创业呢? 陈宁说："人工智能技术发展到今天，我们与发达国家其实站在同一起跑线上。现在要进入产业化落地阶段，这就要依赖一个活跃的市场环境，而中国如此巨大的市场可以让颠覆式创新技术得到广泛应用。技术要与市场碰撞才能诞生有生命力的产品，而具有生命力的产品比什么都重要。这是我回国创业的主要动力。"2009 年，陈宁已经加入中兴通讯一段时间，主要负责软件无线电多模平台的技术攻关，组建了一支由中美等多地专家、骨干组成的国际一流水平的电子信息产品研发、

---

① 中央处理器。

② 图形处理器。

设计团队，于 2011 年推出了全球第一款基于软件定义无线电的 4G-TE 终端芯片。他坦言，国内有着巨大的市场和发展潜力，而深圳有良好的自然生态环境，也有非常完善的电子信息产业链，同时还是一座移民城市，有着开放、包容、创新的环境和制度，是一座最适合海归创业的城市。

谈到当初选择创业方向时，陈宁认真地说："深圳市公安局龙岗区分局视频大队负责人曾讲过一句话，深深触动了我们，就是'如果能够把人脸识别做好，可以快速地从视频流里定位一个失踪儿童，那以后深圳就不会再有走失的儿童了。'我那时刚看了电影《亲爱的》，同时我和田博士都是有孩子的父亲，由于平时忙于工作，很少陪在孩子身边，我们觉得运用视觉智能新技术防止儿童走失这个创业方向极具社会价值。后来，我接触到华为的技术人员，他们也对我们的动态人像识别技术特别感兴趣。当时，华为正在启动一个智慧城市的项目，于是我们就开始了这方面的合作。从 2014 年下半年开始，配合华为和深圳市公安局龙岗区分局，我们打造了这样一款基于动态人像识别和数据分析的'天眼'系统。"

理想很美好，而现实很"骨感"

创业初期，陈宁他们在融资道路上走得并不顺利。虽然陈宁也见过几位投资商，但当陈宁谈到创业方向是用人工智能技术来做安防产品时，投资商纷纷表示怀疑。他们对人工智能技术前景并不乐观，还认为海归博士做安防产品不靠谱，因为安防行业的市场壁垒极高。于是，在初创后 9 个月的时间里，陈宁没有拿到任何投资。早期团队十几个人挤在一间小屋子里，创始人不拿一分钱工资，自己做自己的"天使"，硬是扛了过来。

我很有兴趣投资你们这个项目

2015 年年中，一个比较偶然的机会，陈宁遇到了天使投资人——徐小平。

那是在北京举办的"中国与全球化智库"80 人圆桌论坛上，陈宁作为深圳的海归创业代表做了简短发言，花几分钟介绍自己的创业方向和技术背景。他说："儿童走失问题事关每一个家庭的安全和幸福，拐卖儿童案件更是备受社会各界以及政府主管部门的关注。相当多的拐卖儿童案件因线索不足难以侦破。我们云天励飞致力于用人工智能技术来解决儿童走失的问题，协助公安机关解决'打拐'的难题。"

论坛茶歇时间，一位面容和善的中年男子走到陈宁身边，微笑着说："用新技术来寻找失踪儿童非常有价值。我还认识《亲爱的》的导演陈可辛，我很有兴趣投资你们这个项目！"陈宁没想到在这里遇到了投资界的知音，二人相谈甚欢，甚至错过了论坛下半场。

"那个时候，我们产品还没做出来，商业合同也没有签到手，徐小平先生真的是有情怀的天使投资人，一下就相中了我们。一个星期后，我们就签署了投资协议。又一个星期后，徐小平的真格 [①] 投资给云天励飞数百万元的投资款就到位了。"陈宁感动地说。

幸运之神就这样光顾了云天励飞。接着，深圳市龙岗区政府引导资金也跟着真格一起投资，又一笔数百万元资金到位。

2015 年 8 月，云天励飞以田第鸿为带头人的"视觉智能和机器学习处理器创新与产业化"团队获得 4000 万元资金支持，为企业发展注入了强劲动力。

"从我们知道获资金支持，到 4000 万元资金一分不差全部到账，前后

[①]　即真格基金，是由新东方联合创始人徐小平、王强和红杉资本中国基金在 2011 年联合创立的早期投资机构，旨在鼓励青年人创业、创新、创富、创造。

不到三个月。"陈宁说，深圳市有公开的政策支持和透明的申请流程，而且能够快速落实到位，这对初创企业来说支持力度非常大。

陈宁表示，4000万元资金支持，让公司和产品都跨上了一个新台阶。比如，深圳出入境检验检疫局相关负责人看到媒体对云天励飞的报道后，主动与其联系并促成合作，将人工智能技术与深圳出入境检验检疫局的出入境业务进行融合创新，助力"智慧口岸"建设。如今，基于人脸识别的智能红外体温监测系统已在深圳湾口岸上线应用，发挥了巨大的作用。

"深圳公务员渴望有所创新、有所突破。相对于内地其他城市，深圳市政府面对风险有更大的包容性。"让陈宁印象深刻的是，不论是公安、检验检疫部门还是科技主管部门，深圳公务员中高素质人才比重较大，不乏国内外知名高校的高材生，而且对于新技术有兴趣、爱学习，与他们沟通人工智能、大数据等话题也相对轻松，可以挖掘不同部门对人工智能技术的需求。

亿万人脸，秒级定位

"过去的视频监控，是1.0时代的技术，主要依靠人工监控。比如，案件发生后，需要大量人力去调取视频录像进行回溯，要查找几个星期，而且还可能发生误差。如今进入2.0时代，通过深度学习算法，可以很快从海量信息中查找到蛛丝马迹。过去几十个人要花几个星期查找的工作量，我们研制的'深目'一秒钟就可以完成，而且准确率是过去的10倍以上。"陈宁解释道。

据介绍，云天励飞团队采取的是"端到云"的技术路线，采用分布式计算法，在每个摄像头前端安装"深目"芯片，实时进行本地化的预处理，云端只需要高速处理压缩后的特征化技术值，这就大大加速了处理速度。

陈宁（左一）与团队成员探讨问题

陈宁说："'天眼'系统的核心是，它是一个人工智能处理器的芯片。我们创业的核心就是面向人工智能的深度学习神经网络，去从头设计一个处理器的芯片。"

"一个芯片研发团队需要 10 ~ 15 个子团队，每一天的磨合交流需要 10 ~ 15 个步骤。"陈宁介绍，从算法、系统架构、硬件架构、硬件验证、软件架构设计、软件的开发、集成的测试到芯片的后端设计等，做 AI 芯片有一系列非常复杂的步骤。另外，还要设计芯片硬件语言，再把这些硬件语言放到一个硅片上，看最终输出的结果怎样，电路线怎么走，尤其是针对几十亿、几百亿的电路怎么布局……设计完了之后，还要跟芯片的代工厂商沟通，要知道这里面有什么内容，需要补充什么内容。产品出来之后，还要抽样测试芯片的良品率和功能点，再返回到研发团队，最后还要做外场测试。"

陈宁说："整个流程走下来，如果算法团队只是搞纯算法，对硬件、芯片没概念，那么这个芯片也是搞不好的。而且，人工智能是一个全新领域，目前全球的深度学习学者同时有芯片概念的屈指可数。只要具有跨界的思维和十几个团队长期地磨合，才有可能造出一个高效率的 AI 芯片。同时，如果你只懂芯片的指令集、架构，完全不理解算法，不理解应用场景，设计出来的肯定是一个块头很大、功耗很高、成本昂贵的芯片。如果没有芯片商用化的经验，上去就做芯片，基本上几十上百人的团队要先交五年学费。"

那么，如何尽可能地避免芯片设计中可能出现的问题？研发经验丰富的陈宁和田第鸿对研发步骤做了科学的规划，同时对产品应用现场做了需求调研分析，用匠心仔细打磨产品。在研发步骤上，第一代产品是运用芯片平台上嵌入算法，验证算法的性能；第二代产品是把芯片设计方案嵌入基于 FPGA[①] 的通用芯片平台上，验证硬件芯片的稳定性和效果，调试错误，做好充分验证，再进行投片生产第三代产品。"'算法 + 芯片 + 数据' 的闭环生态是我们的核心竞争力。我们是国内唯一同时拥有算法、芯片和数据三个要素的公司。"陈宁说。

"科学家创业的过程是很漫长艰辛的。因为即使拥有颠覆式创新技术，要变成给用户带来价值的优秀产品，还要做大量工作。技术与产品之间存在巨大鸿沟。可以说，这些创新技术成果还具有不少的局限性、边界条件，需要我们做许多完善工作。举例来说，要想针对安防行业的产品 '深目' 好用，就必须解决摄像头的高度、角度、光线、应用场景等具体的细节问题。2015 年夏天，我和田博士几乎把龙岗的大街小巷都走遍了。我们到商超、地铁口、城中村、火车站等地方采集各种视频资料，看技术能做到什么程度，还需要改进哪些地方。有的地方必须用工程师的思维去设计，仅仅把东西

---

① 现场可编程门阵列（Field-programmable gate array）。

交给工程人员去安装肯定不行。"陈宁说。

精于细节的完善，才能让整个系统产生预期的效果。对于各个细节，只有一个一个地去完善，才能打磨出市场需要的好产品。如今的云天励飞成立了一支前端督导工程师团队，还制定了严格的工作流程，负责监测管理前端视频录制的质量。

经过一年半的"打磨"，云天励飞于 2016 年研发的第一代基于人脸识别和视频大数据的视觉智能系统云天"深目"在龙岗区上线，实现了全球首创"亿万人脸，秒级定位"。以往为了定位一个犯罪嫌疑人，人工检索需要几天，甚至几周，而通过云天"深目"可以在 5 秒内精准完成，且目标的行动轨迹一目了然。

产品创造的社会价值给了我们最大的快乐

基于动态人像识别技术的云天励飞视觉智能"深目"系统，可以有效解决开放场景下低头、侧脸、逆光和部分遮挡等问题，提高动态人脸识别准确率，协助警方侦破刑事案件并寻回多名走失儿童。

2017 年春节前夕，深圳龙岗区一家派出所接到报警，一个三岁孩子走失了，疑被拐卖。接案后，该区域刑警大队组成专案组开展侦查，运用人像识别、人脸比对等技术排查比对，迅速锁定嫌疑人身份，研判出其最新轨迹，确定该嫌疑人正携带被拐小孩搭乘火车前往湖北。然后，公安民警马上和铁路部门取得联系，对该名嫌疑人进行布控。2017 年 1 月 27 日凌晨 6 时，公安民警在武汉火车站将犯罪嫌疑人抓获，并解救出被拐小孩。随后，民警搭乘最早的航班，把嫌疑人押解回深圳，并将被拐的小孩平安地交到其父母手里。从接到报警到成功解救被拐小孩，不到 15 个小时。该案件迅速侦破，让被拐小孩安全回到温暖的家，让受害者家庭在除夕前得以团圆。中央电视台《今日说法》栏目在 2017 年 3 月对本案的来龙去脉进行了采访和详尽报道。基于动态人像识别技术的云天励飞视觉智能"深目"系统对本案的侦破起到了重大的作用，大幅提升了公安系统的案件侦破效能。

"我们现场做技术支持的工程师产生了非常强烈的社会荣誉感。我们整个公司的员工都感觉非常自豪。其实我们每天都在经历着类似的事情，云天'深目'视觉监控前端已在深圳建成 5000 路，支持集群扩展和跨区域联动，快速打造了'基于人工智能的安全示范区'的全国样板。该系统全面启用一年内，协助警方破获了 500 多起案件，并寻回多名走失儿童，并且这些案例和数字每天都在不断增加。"陈宁说。

此外，云天励飞还开发了针对智慧商业的商超防损子系统，通过动态人像识别技术协助商业场所减少外盗等造成的财产损失。龙岗一家超市使用该系统，将"惯偷"数据录入系统，如果这些人再次"光顾"就会自动报警。系统启用第一周就发出几十次有效报警，保安会实时收到短信或微信提醒，及时采取措施。第一次，两名偷盗者当场被抓住；系统上线三个月，惯偷即从原来每月 40 人降为 0 人。该系统每年可以为超市挽回近百万元内外盗造成的损失。

视频监控系统已成为"平安城市"的关键技术手段，但现有视频监控系统面临"事前不知道，事中来不及，事后找不到"的尴尬局面。一个好的视觉智能系统要让计算机不仅看到，并且能"看懂"，这是真正实现"平安城市"的核心，云天"深目"系统恰恰解决了这个需求痛点，得到市场的高度认可。如今，第一代视觉智能系统云天"深目"不仅落户龙岗区，而且在南山区、机场等地得到大规模应用，几秒之内，就可以在百万人的区域内搜索出某个嫌疑人长达两年的活动轨迹。

除了在深圳，此套系统也已经落地北京、浙江、新疆、云南、河南、河北等省区市以及马来西亚等国家，并成功服务了 2016 杭州 G20 峰会①西湖核心安保圈、全国"双创周"深圳主会场和乌镇互联网大会等，这让云天励飞为更多人所熟知。云天"深目"也先后受到中央电视台、新华社、《中国日报》、《人民日报》、《南方日报》、深圳卫视、《深圳特区报》等多家媒体报道。可以说，这款产品的社会价值得到了全面认可。

云天"深目"产品扬名国内外，也迅速成为投资界的宠儿。2016 年下半年，深投控领投，松禾资本跟投，云天励飞获得数千万美元注资，公司估值为数亿美元。

陈宁说："我们团队花了一年半时间精心打磨产品。产品真正做好了，产生了良好的社会价值，资金其实也就不用发愁了。如果要说创业过程中感到幸福或者快乐的事情，我想是我们产品创造的这些社会价值给了我们最大的快乐。我们就是希望在这样一个人工智能技术逐步成熟的过程中，能够把这些先进的技术应用在一款款产品里面，去解决人类在平安、便利、愉悦这三个层面的一些基础诉求，创造一个平安的城市生活环境。"

借助高科技"天眼"系统的力量，云天"深目"动态人像识别系统将让犯罪行为无所遁形，为将深圳打造成全中国乃至全世界最安全的城市助力。

---

① G20，二十国集团。G20 峰会是一个国际经济合作论坛。

【 创业心路 】

创业目标尤为重要

陈宁

我认为创业目标尤为重要。人才是最核心的资源，而人才是靠目标凝聚在一起的。而创业目标，只有去创造社会价值，才是可持续的，也才能给企业带来商业价值上的回报。

正是遵循了这样一个法则，云天励飞把公司目标定位为"让智能无处不在，用视觉智能技术让犯罪行为无所遁形，给人们一个更安全稳定的生活环境"。这样一个创业目标非常有社会价值，也吸引了优秀的人才加盟云天励飞。

今天，云天励飞已经拥有近 800 人的高素质的人才队伍，共同打磨视觉芯片和智能解决方案，希望为平安城市、智慧商业、无人机（船/车）、机器人和智能制造等领域做出更大的贡献。

【创业法则】

坚定才能成功

如果说从"天下无拐"这个远大目标来评判，云天励飞还不算成功，但凭一家企业的力量能做到用人工智能解救被拐儿童，让人们看到了用人工智能技术有可能帮助实现"天下无拐"的希望，给安防、边检等带来新的技术服务和业务模式，云天励飞无疑是成功的。至少，他们在技术创新的道路上已经迈出了非常坚实的第一步。那么，我们能从云天励飞的创业故事里学到什么呢？

第一，技术创新道路的选择需要特别坚定的信心。在创业初期，陈宁找投资商谈他的创业方向，竟没有一个人赞成。投资商对人工智能技术是否成熟表示怀疑，对人工智能技术用于安防也并不看好，还提出了很多方面的担忧和疑问。但陈宁并没有因此放弃或另寻其他途径，而是坚持走自己的道路，即使是烧自己的钱，也义无反顾地扛了近一年的时间，花费100多万元。如果没有耐心和信心，陈宁能忍受这些吗？他还有勇气去继续开发产品吗？

第二，需要站在产业大背景下认清技术发展的方向。陈宁为何在众多投资商都不看好的情况下，有信心能坚持下去？主要是因为他站在产业的大背景下，对技术方向进行了深入的研究和剖析，找到了解决行业痛点的技术方向。陈宁和田第鸿认为，以往的硬件设计已经不能满足人工智能海量数据的处理需求。于是，他们想到，结合二人各自的优势，通过机器学习和新型处理器芯片设计的跨界创新来突破这个瓶颈。

云天励飞的业务主要聚焦在平安城市的安防领域，通过协助客户采集数据，从这些数据中提炼出被标注的数据库，从而反哺和训练深度学习的算法，不断优化和迭代算法的精准度。在算法和芯片的设计过程中，他们又做了结合，这样可以提升芯片的运算能力，同时降低算法的复杂度。总之，从算法、芯片、海量数据，再回到优化算法，形成有机的闭环，并不断迭代升级。陈宁说："云天励飞的技术核心是有一个芯片级的解决方案。这样可以降低对服务器的硬件平台需求，这种整体的解决方案能将芯片的性能提高两个数量级，而且成本更低，更容易规模化、产业化。而规模越大，就可以采集到越多的数据。"

正因为站在产业大背景下，对技术方向做出了准确的判断，他们才有信心、有勇气、有耐心地做下去。

【人物档案】　◆　陈宁

　　陈宁，博士，毕业于美国佐治亚理工学院，中国第一套商用矢量处理器指令集架构设计者，深圳云天励飞技术有限公司联合创始人兼 CEO。曾任中兴通讯 IC 技术总监，美国飞思卡尔多模终端芯片架构师、4G-LTE 国际标准首席代表。拥有近 30 项已授权国际专利（其中 13 项被苹果公司收购），在国际期刊上发表 20 多篇学术论文，曾担任 7 个 IEEE[①] 国际会议技术委员会委员。担任中国外国专家局评审专家、中国青年科技工作者协会理事、广东留学人员联谊会－欧美同学会副会长、珠三角规划纲要专家、深圳市高层次人才联谊会常务副会长、深圳市欧美同学会常务副会长、欧美同学会海归创业深港学院常务副院长等职务，并于 2013 年协助将美国佐治亚理工学院引进深圳，推动建成佐治亚理工深圳学院。

---

① 电气和电子工程师协会（Institute of Electrical and Electronics Engineers）。

【人物档案】 📍 田第鸿

　　田第鸿，博士，毕业于美国佐治亚理工学院，IEEE 高级会员，深圳云天励飞技术有限公司联合创始人兼 CTO，视频图像处理与视觉计算领域专家。曾任三星显示美国实验室高级主管工程师、美国思科系统公司技术主管。在国际期刊发表论文 20 多篇，拥有近 40 项美国授权专利，曾获美国佐治亚理工学院信号与图像处理中心"杰出研究奖"，在思科公司获个人成就奖两次、团队成就奖一次。

贾西贝：率领华傲数据，挖掘"数据油田"

过去表格满天飞，填表成为人们办事必须迈的第一道关，现在只要刷一下身份证，政府办事系统便能自动帮你录入表格，免去繁冗的填表环节；对着手机摄像头微笑一下，你的个人信用信息便能在几分钟内被核实，这将成为你能否借贷的判断条件；动一下手指头，就能查看城市的人口、交通和气象等实时信息，迅速找到年轻人爱逛的商圈……

在大数据的帮助下，上述场景已成为现实。深圳市华傲数据技术有限公司（简称"华傲数据"）致力于用大数据惠民、兴业、辅政，目前已取得了一系列显著效果。

2011 年，华傲数据 CEO 贾西贝和他的团队从英国回到中国，带着掘金大数据的梦想，来到深圳扎根创业。五年多时间里，华傲数据在大数据领域快速成长，国内发明专利申请达到 138 项，同时完成 51 项国际专利的申请。2013 年，作为三家入围的中国公司，华傲数据和腾讯、百度一起，被《哈佛商业评论》列为全球"引领大数据发展"的领军企业，而华傲数据也是数据清理领域唯一入选的中国公司。

我知道自己想要做什么

"我一直读的都是计算机专业，对数字始终有着浓厚的兴趣。"从本科到博士，再到创业，贾西贝的研究方向始终未脱离自己的兴趣。

贾西贝小时候是在辽宁一家化工厂的子弟学校上的学。20 世纪 80 年代末，化工厂领导给子弟学校奖励了 8 台电脑，原因是该校在各类赛事上多次取得优异成绩。"80 年代末，我能接触到计算机，这是多么幸运的一件事情啊！当年我才上小学 5 年级，就会用 BASIC 语言在电脑上编出一首歌曲，至今还记得那种成就感。这也为我日后深深喜欢上计算机打下了基础。"贾西贝回忆起童年时代的科技启蒙教育。

本来，在 1995 年，他有保送吉林大学就读本科的机会，可因为当时吉林大学没有计算机专业，他拒绝了保送，而是选择参加高考，最终考上大连理工大学的计算机系。

在大连理工大学读本科的时候，他的成绩非常优秀，本来是可以保送读研究生的，但当时他从报纸上看到对北大方正集团及其创始人王选事迹的报道，不禁心潮澎湃，一心想报读北大王选教授的研究生。虽然大连理工大学的学院领导百般挽留，贾西贝还是用执着的行动表达要去北大读研究生的决心。终于，他被破例保送到北大计算机系读研究生。

"我的性格特别执着，想要做到的事情，就一定会去做。我知道自己想要做什么，而且是个'行动派'，所以我的求学方向完全是根据我的兴趣来选择的。"贾西贝如此评价自己。

2004 年，贾西贝赴英国留学，师从樊文飞教授，并最终获得爱丁堡大学博士学位。

毕业后，贾西贝在导师樊文飞的支持下，申请了爱丁堡大学的创业研究员（Enterprise Fellow）项目。这个项目是大学给入选者一笔经费，并且提供类似 MBA① 的专业培训，帮助他们从研究者转变成为创业者。2008 年全英国仅有 8 人获得该类资助。"我很感激英国给予我这样的培养机会，做技术研发我没有问题，但在英国做销售很难，因为我对英国消费者心理把握得不像本地人那么准，所以我选择回国创业。"

如何把这个大有用途的产品卖出去呢？

"过去，传统的数据库处理能力有限。"贾西贝说，2006 年大规模分布式计算的出现，让处理海量数据成为可能，"所以大数据是科技发展的产物"。近几年，大数据产业风起云涌，"云计算""物联网""智慧城市"等被越来越多人所熟知，如今几乎可与所有产业"联姻"。

在这个背景下，2011 年，贾西贝带着诸多研究成果回国创业。他坦言，以自己的学术背景，如果留在国外做研究，生活会安逸很多，但他并不后悔，"选择创业，可能真的源自自己从小就不安分的内心"。

贾西贝和华傲数据科研团队最初的落脚点是北京。当时深圳市科工贸信委（深圳市科技工贸和信息化委员会，简称"市科工贸信委"）主任王学为来到北京，开门见山地对樊文飞教授和贾西贝说："广东省创新科研团队的评选公开透明，只要你们团队水平够高，走正常的评选程序就可以了，是骡子是马拉出来遛遛！"书生气质十足的他们一向不善于和政府打交道，可他的内心被眼前这位来自深圳科技主管部门的官员打动了。他们发现，深圳不同于其他城市的地方是有着和发达国家相似的政治、商业环境以及类似硅谷的移民城市特点，这对他吸引力很大。"我们比较喜欢这一套，科技创新政策透明让我们心里更有底。深圳公务员队伍作风务实，

---

① 工商管理硕士。

所以我们决定把公司总部设在深圳。"

深圳像一块磁铁一样吸引贾西贝南下创业。广东的创新氛围很浓，深圳市领导、企业家也都非常重视贾西贝和他的团队。在贾西贝看来，深圳在大数据产业上具有得天独厚的优势，这座城市拥有众多的数据生产者和数据消费者。"华大基因对众多基因的测序结果、大疆无人机航拍的视频资源、可穿戴设备采集的运动及健康数据都是企业生产的数据资源，而深圳在智能制造、金融、医疗健康等领域形成强大的数据消费市场。"

华傲数据不仅有牛津大学、爱丁堡大学的大数据领域的博士、专家，更有贾西贝的导师、英国爱丁堡皇家学会院士、美国计算机协会会员樊文飞教授。

然而，创业之路并没有所想象的顺利，起步初期甚至还走了一段弯路。"找人、找钱、找政策都是难题，海外高层次人才回国创业的通病就是缺乏对国内市场的深刻理解。"贾西贝回忆，海归的人脉几乎都在海外，哪怕是带着团队一起回国，寻找本土合作伙伴仍然花费了相当长时间，而所谓的"弯路"，就是叫好不叫座的产品如何包装好销售出去，这个问题困扰了他很长一段时间。

"可以说，我们是头顶科技创新的光环在创业，但市场不相信科技创新的光环，一家企业的产品能否赢得用户，才是唯一的检验标准。"贾西贝直言不讳，数据质量管理技术是华傲数据公司的核心技术，但只有出现质量事故，用户才会重视数据质量的管理。由于很多政府部门对数据质量管理技术并不重视，造成数据管理的软件产品根本实现不了有效销售。如何把这个大有用途的产品卖出去呢？贾西贝反复思考、摸索的新商业模式直到 2014 年才逐渐成形。他提出将数据技术与数据资源结合在一起获取价值，并且把目光锁定在金融行业和政府部门。这一市场策略的调整，为华傲数据打开国内市场奠定了基础。

数据显示，2015 年，国内大数据市场规模近 116 亿元，而 2016 ~ 2018 年增速预计可达到 40%，未来增长区域倾向于线下企业。行业内报告分析称，十年后，大数据将可以撬动万亿元级的 GDP[①]。

把"数据孤岛"变成"数据油田"

在贾西贝看来，虽然中国的大数据时代早已来临，但包括真实完善的人口数据和社会关系数据的政府数据，一直存在着数据孤岛的问题。政府数据是最后一块待开垦的数据高地。

数据孤岛会造成什么问题呢？贾西贝分析，数据不统一，会使数据质量变差，政府所拥有的数据是最不统一的，"政府在每个城市、每个县区、每个委办局都构建了自己的系统，甚至一个局里边有几十个系统，政府的数据库，大多是纵向垂直系统，缺乏横向连接。政府的数据烟囱和数据孤岛问题很严重，这就造成碎片化数据。"贾西贝说，大数据技术可以帮助政府在"烟囱林立"的系统之间，安装"水龙头"，实现数据之间的流动。

他举例说，过去办入学手续，常常需要七八个证明。华傲数据通过搭建公共基础信息资源库，实现委办局之间的数据共享交换，这是政府推行业务一窗办理的前提。"我们的宗旨就是让数据多跑路，让群众少跑腿。"

贾西贝娓娓道来："所以，我总结出，光技术创新还不够，如果把技术比喻为酒，商业模式比喻为瓶，就是说旧瓶装新酒还不够，还要商业模式和技术'双创新'，这就是所谓的'新瓶装新酒'。我们盯住市一级和县区政府，帮助政府部门做好数据清洗融合，把'数据孤岛'变成'数据油

---

① 国内生产总值。

田'，帮助政府提升管理效率，实现产业升级，提升民生幸福指数。"他要求团队苦练内功，主要做好三方面的积累：一是数据技术；二是数据资源；三是对数据服务业务场景熟悉并深刻理解。这样才可以帮助城市管理者用好大数据。

数据清洗融合是数据碎片化的解决之道，这恰恰是华傲数据的核心技术之一。"把数据清洗成高价值、高质量的数据资产，这样才能使城市成为数据资产富集区，就好比在每个城市建一座'提炼'大数据的炼油厂。"贾西贝指出。

用好大数据，可以提高政府部门管理效率，可以发展产业经济，可以让老百姓更幸福。贾西贝举例说，作为深圳电子政府战略的合作伙伴，华傲数据从 2012 年开始参与深圳智慧城市"织网工程"建设，将深圳全市 36 个委办局近 3000 个指标项近百亿条数据量的数据进行梳理，建立起一个 2000 万人口的关系大图。"有了大数据，政府可以了解不同产业人群聚集在哪里，从而做好产业规划；了解需领低保的人数，更好地进行民生服务的财政预算；了解各个地区未来的学生数量，根据情况划分学位、设置学校。"

把共享经济理念引入数据生产中来

通过商业模式创新，华傲数据在大数据采集方面已经取得喜人成就。2015 年年底，华傲数据推出国内首款基于 LBS[①] 的社会数据"众包"应用程序"随手赚"。"我们把共享经济理念引到数据生产中来，每一个人都可以成为数据采集员。"比如，给所在地附近的一家理发店拍摄 10 张照片并

---

① 基于位置的服务（Location Based Service）。

贾西贝（右四）在第一届中欧大数据金融论坛上

上传，用户就可以获得 5 元的奖励。线下的住宅小区、办公楼、园区、商业区等多种多样的信息，都有不同的价值。像这样，通过发动群众的"众包"形式，华傲数据就能在平台上搜集大量数据，而不用派出人力地毯式地搜集。奖励的钱从哪里来？除了"众包"，"随手赚"的另一个独特性在于"众筹"的模式。需要这些数据的企业，就会拿出资金，奖励参与收集的用户，形成"众筹"。"这两种模式的结合，就像'期房＋团购'。"贾西贝说，除了国际顶尖的技术团队，这种创新的商业模式也是华傲数据的重要竞争力之一。

此外，华傲数据还基于大数据信用反欺诈和信用评分推出大数据金融科技产品"随手借"，老百姓随手可以借 1000 元到 1 万元，目前已经服务了 100 多万名用户，坏账率低于 3%。贾西贝举例说："阿里巴巴旗下的'蚂蚁金服'每年净利润在 30 亿元以上，其估值超过 4000 亿元。它就是将互联网电商产生的物流和支付的数据资源在小微贷领域中变出新的价值，是典型的将数据技术和数据资源结合在一起的产品。受到'蚂蚁金服'的启发，华傲数据开发出了'随手借'应用程序。"

现在，华傲数据的大数据整理技术已经广泛应用于政府和金融机构。据贾西贝介绍，华傲数据从 2011 年开始为包括深圳市政府、沈阳市政府、贵阳市政府、海南省政府、中国银行、中信银行、北银消费、深交所、深圳电信等近 100 家客户提供产品和解决方案。

国内各地政府部门对大数据产业非常重视。2013 年以来，有十几个城市还专门成立了大数据局，国务院批准了八个大数据综合试验区。华傲数据在城市大数据领域进行前沿探索，并且入股贵阳数聚家和数据运营有限公司、沈阳市大数据运营有限公司，探索以政务数据为核心，同多行业、多维度数据源交互融合，产生多领域、多场景的数据产品，为智慧城市提供数据整合和运营新模式。贾西贝说："从全球范围看，大数据产业方兴未艾，目前华傲数据在深圳已经完成两轮融资，融资金额达数千万元，东方富海、用友、深创投、国家中小企业基金等国内优秀的投资机构成为我们公司的股东，为企业发展注入了新鲜血液。"

关于未来，贾西贝淡定地说："下一步，华傲数据会将采集到的数据与政务数据的开放工作统一起来，搭建一个数据开放平台，将它应用到各行各业中去，促进数据经济的形成与发展。目前，深圳市的数据开放平台已经上线。市场从 2012 年开始重视大数据积累，那么十年、十五年后，积累的数据更多，就能够做出比现在更惊天动地的事，会有更大的想象空间。"

【创业心路】

创业是需要责任感的不可逆过程

贾西贝

一个人结婚前，只需要对自己和父母负责；结婚后，要对家庭负责；创业后，要对公司负责。我认为，创业是需要责任感的不可逆过程，创业之初就应该问自己是否愿意承担创业的责任，有没有能力承担这个责任。

我和很多朋友用亲身经历证明，要实现从象牙塔到创新竞技场的角色转换，就得投入120%的精力创业，想睡足觉都是不可能的。压力大了，头发白得也快了。创业需要120%的努力，才有可能成功。如果一个人不想这么努力拼命，也不愿意承担创业的各种责任，那么就没有必要走上这条不归路。一些"90后"创业者被社会诟病比较多，主要是因为对创业的责任感认识不够深刻，就如同对结婚的责任认识不到位一样，最后只能"闪婚""闪离"。

所以，责任感对于创业者来说非常重要。创业者对企业的经营有了责任感，才会拼尽全力，才会坚持不懈，才会为社会创造物质财富和精神财富。一个人创业能否成功，其背负的责任感起了关键作用。

【创业法则】

商业模式创新有时比技术创新更重要

数据质量管理技术是华傲数据的核心技术。然而，只有出现质量事故时，用户才会真正重视数据质量的管理。这对于依靠数据质量管理技术创业的华傲数据来说肯定是不利的。

那么，如何把这个有大用途的产品卖出去呢？贾西贝反复思考、摸索，最终提出将数据技术与数据资源结合在一起获取价值的商业模式，并且把目光锁定在金融行业和政府部门。

2015 年年底，华傲数据把共享经济理念引到数据生产中，使每一个人都可以成为数据采集员，创造性地推出了国内首款基于 LBS 的社会数据"众包"应用程序——"随手赚"；后来，受"蚂蚁金服"产品的启发，又开发了"随手借"应用程序。这些商业模式的创新，让华傲数据脱颖而出，不仅在销售市场上屡传捷报，也在资本市场上获得大额投资。这就为其未来能站在更高位置、占有更多数据资源进行业务拓展赢得了机会。

商业模式创新有时比技术创新更重要。商业模式其实就是你如何能赚到钱，如果商业模式没有找到，技术再牛也白扯，创业只能是死路一条。所以要能赚到钱，企业要发展，商业模式的创新尤为重要。

【人物档案】　♀　贾西贝

　　贾西贝，博士，科技部"创新人才推进计划"科技创新创业人才，工信部新兴产业百人会成员。现任深圳华傲数据技术有限公司 CEO、沈阳市大数据运营有限公司首席科学家、哈尔滨工程大学兼职教授、（电子学会）中国大数据专家委员会委员、深圳市大数据促进会副会长、深圳市高层次人才联谊会副会长。曾获 IEEE 国际数据工程大会（ICDE）最佳论文奖，三次在国际顶级数据库综合大会 VLDB 上演示创新大数据系统，研发的多项技术应用于知名跨国公司。

吴征瑜：从学者到创业家的转型

"专注于企业的价值，专注于用户的体验，其他的都不重要。"这是深圳诺康医疗设备股份有限公司（简称"诺康医疗"）CEO 吴征瑜在 2017 年 4 月发在微信朋友圈里的一句话。

确实，他是一位非常专注而谦逊的创业者。他虽然拥有美国密苏里大学哥伦比亚分校化学博士学位，曾担任全球最大的知识产权基金——高智发明（Intellectual Ventures）的大中华区副总监，但说起自己的过往时，却总是选择最朴实的字眼。

开放的心态和诚实的态度

从吴征瑜简历上看，他属于典型的"别人家的孩子"。19 岁那年，吴征瑜从北京大学化学系本科毕业，毕业论文由黄志镗院士指导，获有机化学专业毕业论文第一名。1997 年，吴征瑜考入美国密苏里大学哥伦比亚分校化学系，跟随导师赖纳·格拉泽（Rainer Glaser）教授学习了七年，研究方向是计算化学和量子物理，并获得化学博士学位。虽然从小在班上成绩名列前茅，吴征瑜却没有丝毫骄傲，因为他出生在一个知识分子家庭，父母从小教育他要知书达理，谦虚做人。

"我 20 多岁的时候大多是在密苏里大学度过的，赖纳·格拉泽教授是德国人，从他身上我学到很多宝贵的东西。首先，是系统性的方法论，也就是遇到新的知识我能够比较快地接收和消化。其次，是开放的心态。每个星期四下午，导师跟我们一起开例会时除了讨论专业的学术课题，还会讨论宇宙大爆炸、全球政治事件等。对于一个年轻人来说，拥有开阔的视野和开放的心态非常重要。再次，是相信个人的潜能，不断激发个人想出有创意的东西。导师能启发我去寻找自己感兴趣的课题，并且与我一起修改学术论文，一篇文章可能要修改三四十遍，这样潜移默化的培养帮我形成了独立思考问题、表达观点的习惯。最后，就是教会我要客观，要诚实，这对我们创业者来说是非常重要的品质。"吴征瑜回忆起留学时的收获，"我可能忘记了化学方面的一些专业知识，但思考方法和学习能力却陪伴我一生，至今让我受用无穷。"

博士毕业后，26 岁的吴征瑜来到沈阳理工大学担任化工系教授、研究生导师，并在校长贾春德教授的领导下，负责东北首个超算中心的项目规划及筹建工作。在大学里当一名教师，这是吴征瑜的第一份工作。在这两年里，他的科研、组织、规划能力得到了很好的锻炼。

打开国际化的视野

吴征瑜在 29 岁时加入全球最大的知识产权基金高智发明，担任大中华区副总监，负责生命科学领域的投资工作。在此期间，吴征瑜主导了大中华区超过 50% 的优秀投资项目，其中，用 12 万美元投资的某芯片循环冷却技术，三年后被西门子应用到海水淡化系统中，成为一个从发明到技术再到产品转化的经典案例。

吴征瑜对这些辉煌的业绩闭口不谈。他认为自己在这个平台上工作的收获主要有两方面："一方面，高智发明是做技术投资的公司，我们与顶尖科学家洽谈，购买他们的技术发明，再由非常专业的知识产权团队形成专利组合，最后到市场上进行商业变现，就是这样一种商业模式。这家公司在全球有九个办公室，我有机会与全球顶尖科学家、各国院士交流，对相关领域的技术水平、现状、未来都有很清晰客观的了解。这让我长了见识，帮助我判断一项新技术靠不靠谱。另一方面，我过去的经历更多是科研和教学，到这个平台后，我参与了募资和管理，对资本市场有了初步的认识，包括资本市场的游戏规则、思维方式，都有所了解。这两方面，对我日后创业非常有益。"

也就是在这期间，吴征瑜看中一项有关无扰式生命体征监测的新技术。这是国际最前沿的技术，他坚定地想做该技术的产业化工作。

"这是一种无扰式监护产品的一部分技术。我跟专利拥有者谈判，获得了专利授权，由此开始创业的道路。"2012年3月，吴征瑜用100万美元的天使投资在深圳开启创业之路。深圳诺康医疗设备股份有限公司早期的注册地址是在罗湖区一间110平方米的办公室。

目前，诺康医疗专注于数字医疗和智慧健康，致力于无扰式生命体征采集和监测技术的研发和产业化。

不会有第二个比深圳更适合我们的城市

"目前，仅中国就有约2000万人因为曾经罹患心脑血管疾病而成为猝死高危人群，需要24小时进行生命体征的监测。在离开医院后，如何让他们正常生活，并在不被干扰的情况下实现体征监测，是我们的技术和产品要实现的目标。这也是一片市场价值以数百亿美元计的'蓝海'。"吴征

吴征瑜（左三）与团队成员在 2014 年宁波健康展会上

瑜对自己产品所要服务的对象非常清晰。他对目标非常坚定，就如他当年选择深圳作为创业起点一样。

在他看来，创业环境包括监管环境、政策环境、经营环境、人才资源、资本市场。深圳在前三项具有明显优势。"特别值得称道的是深圳相对宽松、相对公平的监管环境，政府的宗旨是尽量'靠后站'，做支撑，做服务，企业能最大限度地将资源投入研发和经营。"

此外，深圳已经形成的医药医疗器械行业聚集效应和周边完善的供应链体系也相当有吸引力。"珠三角发达的制造业配套对于做硬件的企业来说太重要了！"吴征瑜举例说，在北京，制作一个 PCP 的模具至少需要七天，而在深圳只需两三天，企业所有供应商都分布在 2 小时车程内。"发现问题，当天解决，可为产品研发、生产节省大量成本。"

五年来，得益于深圳对技术型创业企业和创新型人才的扶持，诺康医疗按照预定计划顺利发展。"事实证明，我们的选择是正确的。在国内，

不会有第二个比深圳更适合我们的城市。"吴征瑜肯定地说，"公司已获得
两个 CFDA[①] 医疗器械产品注册认证和 CE 认证[②]。产品随后将在国内、亚
洲其他国家和欧洲开始销售。这样的速度，得益于深圳一流的创业环境和
独一无二的供应链优势。"

不断攻关，满足市场需求，改善用户体验

在吴征瑜眼里，医院的监护设备不适用于家庭。比如，对心电的监护，
就不能有电极片；对血压的监护，就不能绑袖带。针对家庭开发连续无扰监
护设备，就需要解决无皮肤电极心电监测和无袖带连续血压监测的新技术。

吴征瑜创业起步时，国际上还没有人做这两个核心技术研发。应用较
广泛的传统血压计虽然技术上已经非常成熟，但存在一些问题，尤其是只
能实现对某一时点的数据监测。而在移动互联网出现之后，不少新的公司
开始尝试动态血压监测，比如康康血压、暖芯迦等。IEEE 还专门于 2014
年 8 月通过了可穿戴无袖带血压测量仪标准（IEEE Std 1708-2014）。这
是专门针对可穿戴无袖带血压测量仪对动脉血压"连续"测量的性能评价
标准。

从事科研工作多年的吴征瑜知道，即使获得一项专利的授权，也只是
系统解决方案中的一个组成部分而已。更何况，就算实验室的技术到了可
以使用的时候，距离商品化也还有很长一段距离。

吴征瑜举例说："人们习惯睡床单，不愿意睡垫子，那么无扰式心电

---

① 国家食品药品监督管理总局（China Food and Drug Administration），国家市场监督管理总局
的前身。

② CE 认证是一种安全认证。在欧盟市场，CE 标志是强制性认证标志。不论是欧盟国家的产品，
还是其他国家的产品，要想在欧盟市场上自由流通，就必须加贴 CE 标志。

监测就要做成床单的形式，这给传感器提出很高的要求。我们不断地在工艺上进行改进，花了三年半的时间，进行大量的实验、大量的试错、大量的分析，终于较好地解决了这个难题。还有，人们知道蓝牙可以实现无线通信，很容易中断，但用于医疗时则要求不能有中断。这就要求我们重新设计硬件，开发软件，实现不间断无线通信。像这样的问题，一年至少遇到上百个。我们要不断攻关，满足市场需求，改善用户体验。"

吴征瑜认为，就创业而言，难的不是技术，而是组建一支优秀的团队。

令医疗设备行业的同行刮目相看的，恰恰是诺康医疗的管理团队。他们主要来自美敦力、迈瑞等企业，平均拥有二十多年的行业经验。吴征瑜本人更是直接参与制定 IEEE 可穿戴无袖带血压测量仪标准。对此，九鼎投资董事总经理吴清功曾经称赞，诺康医疗"拥有一支极富行业经验的管理团队"。

创业是生死攸关的抉择

诺康医疗于 2015 年 9 月 22 日宣布，公司已完成了由九鼎投资领投的 5000 万元的融资。2016 年，诺康医疗自主研发的无袖带连续血压监测技术及产品已经获得 CFDA 医疗器械注册认证，产品已经在包括阜外医院在内的数家国内知名三甲医院的临床中使用。阜外医院的专家表示，无袖带连续血压监测仪可以把患者从传统的袖带血压测量的不便和不适中解放出来，从而显著提高生活质量，但产品研发的难度比较大。这从另外的角度表明，对血压的无扰式测量和长期检测具有重要的医学价值和临床意义，也具有很大的市场空间。

诺康医疗掌握国际领先的无扰式和穿戴式生理参数采集监护的核心技术。截至 2018 年 10 月底，诺康医疗已取得和正在申请中的国内和国际专利近 40 项，在技术上保持了相对于国内外同行的领先优势。技术领先，加上行业经验丰富，这些独特优势吸引着资本追逐。2014 年，诺康医疗获得 500 万元种子轮投资；2015 年秋天，完成由九鼎创投和健桥资本领投的 5000 万元风险投资。

吴征瑜介绍，创业以来，加上天使投资，诺康医疗一共完成三轮融资。2015 年的融资用于核心技术升级和市场拓展，进一步确立和巩固公司在无袖带血压测量技术领域的优势。目前，诺康医疗已经完成生产体系的质量认证，计划进入欧洲和美国市场。吴征瑜坚定地说："创业不能成为职业，也不是简单的选择，而是生死攸关的抉择。既然抉择了，就没有回头路。为了实现我们要让人们家庭生活质量更高的梦想，我们必须矢志不渝地做好无扰式监护产品和服务。"

【创业心路】

企业价值需要整个团队认同

吴征瑜

　　为什么要做这家企业？这需要企业来回答，需要整个创业团队来回答。一旦大家都给出一个共同的答案，就说明企业价值得到了整个团队的认同。而这并不是 CEO 一个人的事情，也就不存在坚持的问题，因为经营这家企业，实际上是大家为了共同的信仰和目标在奋斗。

　　我们公司是为了给经历过生死的家庭提供安全感。安全感是生活过程中持续存在与需要面对的问题，也是诺康医疗提供的价值，但它不是我们存在的原因，我们存在的原因是要让家庭生活质量更高、更美好。未来三至五年，我们尽可能给用户提供让他们放心的无扰式监护产品，把客户的需求理解得更加透彻，把产品和服务做得更好，能够基本满足这个市场的需求。

【创业法则】

组建一支极富行业经验的管理团队

回顾创业的道路时，吴征瑜并不害怕技术上的各种困难。他认为，最大的难题是团队，创业要成功就需要一支优秀的团队。如何找到合适的人并将他们组织在一起为共同的目标奋斗，这才是最难的课题。

一般来说，高效的管理团队有几个共同的要点：一、拥有一个合适的领军人物；二、具有清晰的组织架构；三、拥有共同的核心价值观。团队的战斗力实际上来源于领军人物的能力以及团队的执行力。令医疗设备行业的同行刮目相看的，恰恰就是诺康医疗管理团队的实力——团队成员主要来自美敦力、迈瑞等企业，行业经验丰富。吴征瑜本人更是直接参与制定 IEEE 可穿戴无袖带血压测量仪标准。

【人物档案】　◉　吴征瑜

　　吴征瑜，博士，毕业于美国密苏里大学哥伦比亚分校化学系，深圳诺康医疗设备股份有限公司创始人兼首席执行官，曾任全球最大的知识产权基金——高智发明大中华区副总监。

陈文娟：让 3D 打印为孩子插上自由创意的翅膀

2006 年，武汉理工大学副教授陈文娟作为首届中德 DAAD 精英奖学金获得者到德国不来梅大学进行研修。某天，在朋友家，她看到一个德国小男孩在一台 3D 打印设备上，通过建造三维图形"创造"玩具，心里不禁感慨：难怪德国的工业这么发达，中国的小孩子还在玩布娃娃，德国的小朋友都可以自己创造玩具了。陈文娟仔细观察了那个孩子创造玩具的过程，当下受到启发：让每个中国的孩子拥有 3D 打印机，并在低龄阶段就能够借助 3D 打印培养出创新意识和创造能力。她认为，这件事情的教育意义远大于在大学做老师。

之后，陈文娟开始调研，组建团队。回国后，她辞掉令人羡慕的大学教师的工作，带着团队来到深圳，创办了深圳维示泰克技术有限公司（简称"维示泰克"）。尽管那时"大众创业、万众创新"的浪潮尚未到来，但陈文娟在教师岗位上的神圣使命感以及多年前的那个心愿，使她愿意排除万难，在黑暗中摸索。她始终相信，3D 打印作为革命性的制造技术，不但将带领世界进入个人制造时代，也将成为创新教育的最佳载体之一。她相信，自己能够为中国教育事业贡献更大的力量。

3D 打印与创新教育相结合的探索之路

陈文娟带着难以抑制的兴奋和准备为教育事业做贡献的满腔热情，开启了 3D 打印与创新教育相结合的探索之路。她组建了一支国际化的创业团队，于 2011 年 5 月在深圳留学生创业园成立维示泰克。同年 11 月，她率领这支十来个人的团队，成功研制出具有自主知识产权的第一代桌面级 3D 打印机。当看到第一个 3D 模型打印完成，她感到非常兴奋与自豪，梦想之船终于扬帆启航。

3D 打印机的顺利研制仅仅只是陈文娟投身于以科技改变教育之路的一小步。"天将降大任于斯人也，必先苦其心志。"当时，配合维示泰克 3D 打印机的打印耗材均为外购，品质无法控制，这直接影响打印效果，安全性也不能保障。这令陈文娟感到非常苦恼，也让她逐渐萌生自主研发、生产耗材的想法。

与所有快速成长的公司和企业家一样，陈文娟在这个过程中也不断面对资本运作、持续投入、企业宣传等一系列挑战，经历过种种炼狱般的磨炼和无法确定的抉择，也走了不少弯路。

教育从来就不是一件简单的事情，要注重持续的投入和过程。陈文娟明白这是一段绕不过的艰辛历程，越来越了解自己的教育探索之路，并乐此不疲。

一个共同创业的平台

也许是做老师留下的习惯，陈文娟非常珍惜缘分，对待朋友很真诚。她觉得维示泰克不是她一个人的公司，而是一个共同创业的平台，为中国的教育而设立。

2013 年秋天，陈文娟组建了 3D 打印耗材研发小组，从材料配方到生

陈文娟（右三）在 2016 中美国际机器人挑战赛现场颁奖

产工艺都靠自己摸索。维示泰克自主研发的耗材受到全球排名前三的某日本化学公司的关注。当时该公司提出要来维示泰克验厂。这是个令人头疼的事情，因为日本公司的验厂程序是出了名的苛刻。但陈文娟对员工说："维示泰克自己做耗材，但是并不知道世界一流的品质标准是什么，这种顶尖的客户有助于维示泰克自我约束并学习标准，所以务必拿下这个客户。"验厂时，客户果然苛刻，当场提出一系列改进意见，比如耗材公差要达到 ±0.03 毫米，而一般客户的要求仅是 ±0.05 毫米。陈文娟说："虽然特别难达标，但我们只有拼尽全力达到世界一流客户的要求，才能成为世界一流的耗材生产商。"经过多次改善，维示泰克终于成功获得该公司认可，成为该公司在全球的两家供应商之一。但维示泰克当时只有PLA[①]与ABS[②]两种材料，需要有更专业的材料方面的人才带领才能有更大突破。

随后，陈文娟遇到了 James，一位在国内 3D 打印耗材研发方面的顶尖专家。James 曾在浙江创业过一段时间，但由于对公司管理并不熟悉，

① 聚乳酸，具有良好的抗拉强度及延展度。
② 丙烯腈－丁二烯－苯乙烯共聚物，是一种强度高、韧性好、易于加工成型的热塑型高分子材料。

创业并不成功。当陈文娟得知他想到深圳发展时，主动伸出橄榄枝，邀请他出任公司董事、副总经理，全面负责 3D 打印耗材的研发工作。

James 的加入，让维示泰克如虎添翼，在两年多的时间里推出了 20 多种环保可降解生物耗材。一直心系教育的陈文娟，在耗材研发开始时就希望能够研发生产出让家长放心的环保生物柔性耗材。2015 年，James 团队实现技术突破，成功研发出第一款环保生物柔性耗材。其中还有一个小插曲，当时 James 用最新研发的环保生物柔性耗材给自己八个月大的女儿当牙胶咬着并拍照发给陈文娟。陈文娟看到之后颇为感动，心想："这就是我们自己研制的最安全的打印材料！这就是能够让家长、孩子放心使用的产品！"

维示泰克所有耗材产品均通过欧盟 RoHS①、REACH② 等环保和安全认证，并且可以生物降解，具有金属质感、木材质感、变色、有弹性等特性，让孩子能脑洞大开地制作出自己的专属作品。

在维示泰克还流传着一段关于最大客户代表"下嫁"的佳话——陈文娟迎难而上的处事风格和对教育的梦想，深深地震撼了当时维示泰克最大客户的商务代表 Ken。Ken 辞掉在原来公司采购中心的工作，仅仅以原来工资三分之一的薪酬加盟维示泰克，帮助维示泰克开拓国际市场。

陈文娟深知，自己并不擅长技术，只有吸引更多优秀人才加盟，才能让企业不断获得原动力。幸运女神又一次眷顾了心诚的陈文娟。当她遇到

---

① 由欧盟立法制定的一项强制性标准，全称是"关于限制在电子电气设备中使用某些有害成分的指令"（The Restriction of the use of certain Hazardous substances in Electrical and Electronic Equipment），主要用于规范电子电气产品的材料及工艺标准，使有利于人体健康和环境保护。

② 欧盟对进入其市场的所有化学品进行预防性管理的法规，全称是"关于化学品注册、评估、授权和限制的法规"（Registration，Evaluation，Authorization and Restriction of Chemicals），目的在于保护人体健康和环境。

沃尔玛私有云中国区技术负责人陈陈的时候，觉得维示泰克正需要这样的技术人才负责 3D 打印机的研发。

3D 打印的专业名称是"增材制造"，作为一项颠覆传统制造方式的革命性技术，近年来发展迅速，但是阻碍 3D 打印技术应用的瓶颈还有不少，其中最核心的障碍就是速度。

针对这一行业难题，维示泰克的欧洲研发中心经过三年的攻关，终于在 2015 年研发出全球首款 FDM[①] 技术高速 3D 打印机，攻破了高速 3D 打印芯片、高速 3D 打印机、高速 3D 打印耗材、3D 打印技术软件核心算法四大核心技术。陈文娟说，这款桌面式打印机的打印速度提升了五至十倍。这是什么意思呢？以打印手镯为例，普通桌面 3D 打印机需要近一个小时，但维示泰克的高速 3D 打印机却只需要八分钟，将打印的等待时间大幅缩减至课堂可接受的范围之内，从而使效率和实用性大大提高。

随着 3D 打印技术的普及和发展，3D 打印教育已经成为创新教育的重要载体之一，但是市面上绝大部分 3D 打印机并不是专为孩子设计的，在外观、安全性，特别是易用性方面难以满足要求。

2016 年 5 月，维示泰克成功在美国最大众筹网站 Kickstarter 上发布了一款儿童友好型的一键式 3D 打印机 MiniToy——一个神奇的玩具小工厂。除此之外，MiniToy 系列儿童友好型 3D 打印产品更是凭借全新的创新设计，在 2016 年于香港举行的环球资源电子展上首次亮相即获得《中国日报》颁发的"2016 最佳创新大奖"。

陈文娟介绍，有着可爱外观的 MiniToy 完全通过手机应用程序控制，专门为 4 岁以上的孩子设计。它拥有专门打造的手机应用程序和

---

① 熔融沉积（Fused Deposition Modeling）。

STEAM[①] 三维模型库——一个把科学、技术、工程、艺术、数学等各种学习项目和玩具相结合的教育平台。MiniToy 圆润、光滑的封闭式外观也并非只出于美观考虑，而是拥有全新专利的精心设计。它把所有机械部件都隐藏在打印机内部，表面看不到一颗裸露的螺丝，机身中间则是有效观察视野超过 300 度的透明中框，让孩子既能一目了然地看到打印过程，又不必担心安全问题。

在陈文娟眼里，每一位加盟维示泰克的高端人才实际上都有一个共同的梦想：让孩子学会"创做[②]·表达·爱"。这是一项非常有意义的事业。

3D 打印创客教育整体解决方案

2016 年 11 月，随着"双创周"在深圳启动，深圳市发布《深圳市中小学创客教育课程建设指南》，在全国起到了领先示范作用，标志着深圳的创客教育已从起步阶段迈向了规范化发展阶段。该指南明确将 3D 打印列入中小学创客课堂核心内容，并针对小学、初中、高中阶段提出了学时要求。

新兴的创客教育，对于学校和老师而言，如何才能在 45 分钟课堂时间里有效传达教学理念？如何在原有的传统学科的基础上，创新融合创客教育理念？如何降低传统教师上好新课的较高门槛？这些都是创客教育开展过程中亟待解决的问题。

维示泰克非常幸运，因为它的领头人陈文娟本身就是曾在教育领域深耕十几载的老师。陈文娟也非常幸运，她遇到了又一位大将——美国纽约

---

① 由科学（science）、技术（technology）、工程（engineering）、艺术（art）、数学（mathematics）的英文首写字母组成。STEAM 教育是一种重实践的超学科教育概念。

② 即"创意＋制作"。

州立大学教育研究和项目评估方向博士、在纽约州教育厅服务 26 年之久的原纽约州教育厅信息优化教与学项目开发拓展管理处主任万德远（Teh-yuan Wan），并请他担任维示泰克现代化教育及 STEAM 教育产品总监。这样一来，陈文娟的核心团队基本搭建完成，设备、耗材与教育三大核心领域相辅相成。

维示泰克所走的每一步都充分考虑 3D 打印与创客教育的结合，由它提出的一站式 3D 打印创客教育整体解决方案，尤其受到学校校长和教师的认可。维示泰克针对国内教育提出的一站式 3D 打印创客教育整体解决方案，从一开始就与众不同。该方案内容分为幼儿园、小学、中学、高等院校以及职业教育；不把创客教育简单作为某项设备的技能学习，而是通过 3D 建模软件、3D 高速打印机、3D 打印耗材、3D 打印课件、3D 打印教材进行规范化学习，旨在培养孩子全方位的创新意识和创造能力；为教师提供教学培训服务、课堂模板以及后台管理平台，有效降低创客教育课堂作为新型课堂的教学门槛，使创客教育更好地在学校落地。

值得一提的是，维示泰克推出的 3D 打印创客教育整体解决方案，现已进入国内众多幼儿园、中小学和社区学校。陈文娟说，维示泰克已经与深圳市慈善会共同设立了"未来课堂发展基金"。2016 年，维示泰克与深圳经济特区社会工作学院展开合作，在 100 个社会工作动力驿站设立"3D 打印创做坊"。维示泰克也与国际赛事接轨，成为 FIRST① 机器人大赛、中美（国际）机器人挑战赛、中央电视台《我的世界创客大挑战》合作伙伴。

乔布斯曾说过："你在向前展望的时候，不可能将这些片段串连起来。你只能在回顾的时候将点点滴滴串连起来，所以你必须相信这些片段会在

---

① 美国非营利组织。其主办的机器人大赛是针对青少年的国际性赛事，旨在激发青少年对科技、工程和数学的兴趣，同时培养他们的动手能力和团队合作意识。

你未来的某一天串连起来。你必须相信某些东西：你的勇气、目的、生命、缘分……这个过程从来没有令我失望，只是让我的生命更加与众不同。"这不正是陈文娟故事的精彩注脚吗？

【创业心路】

维示泰克是一个创业的平台

陈文娟

我在大学从教十多年，所以作为教育者的一种情怀，就是要让更多人理解，作为未来生活方式 3D 打印可以创造无限的价值。我创办维示泰克，实际上是希望它能成为一个创业的平台，吸引更多优秀人才，一起来把 3D 打印的事业做大做强。

每个人心中的美好创意只有遇到合适的工具才能爆发出来，3D 打印正好提供了这样一种可能。我希望 3D 打印机可以随意放在家里某一个角落，让孩子们可以随时随地打印心中的创意作品。过去，我们追求"物以稀为贵"，而现在有了 3D 打印，就可以用低成本的方式表现出每个人的个性来。

【创业法则】

兴趣是最好的创业方向

有位音乐人说过："人生最大的幸福，莫过于把自己的兴趣变成职业，但世界上 95% 的人都做不到。"从这个角度来讲，陈文娟恰恰属于那幸福的 5%。

陈文娟当老师十多年，对教育事业有很深的感情。当她在德国看到小孩使用一台 3D 打印设备的时候，感到非常惊奇，也萌生了回国创业的想法。后来，她在深圳创办了维示泰克，开始了 3D 打印与创新教育相结合的探索之路。

教育是陈文娟的兴趣所在，她选择了自己所钟爱的教育事业作为创业方向。教育从来不是一件简单的事情，对于教育的投资和探索是一个持续的过程。维示泰克从 3D 打印机启程，用短短两年时间研发出满足课堂需求的全球最高速的桌面 3D 打印机，并成功打造出全球首款儿童友好型 3D 打印机等一批明星产品，深受国内外同行的认可。陈文娟的 3D 打印事业起于 3D 打印机，但不止于此。为了给孩子最安全的打印材料，她切入打印耗材产业，产品均通过欧盟 RoHS、RAECH 等环保和安全认证。有了硬件和耗材的保障，陈文娟又带领维示泰克的团队推出 3D 打印创客教育整体解决方案。这个方案正吸引着越来越多的幼儿园、中小学和社区学校加入。

对陈文娟来说，兴趣是最好的创业导师。仿佛一不小心，维示泰克就发展成了业务覆盖 3D 打印全产业链的公司。

【人物档案】 ♀ 陈文娟

陈文娟，深圳维示泰克技术有限公司董事长，曾在大学从教十多年，是国内最早投身于 3D 打印技术研发和创新教育应用的先行者之一。2011 年 5 月创立维示泰克，带领团队自主研发 3D 打印技术，不但成功开发出全球最高速的桌面 3D 打印机和多种环保 3D 打印材料，推出的"3D 打印创做课程"也已经在国内众多中小学、幼儿园和社区迅速推广。

张帆：海归博士淘金交通大数据

　　"大数据，不仅仅是数据体量的爆发式增长，更是数据思维的颠覆性变革。大数据价值的挖掘，需要与行业深度结合，才能产生更好的化学反应，获得更大的应用价值，从而驱动行业的创新发展。衣食住行，腾讯连接了人们的线上世界，而出行连接了人们的真实生活。我们选择从'行'入手，深入挖掘交通行业的大数据价值，希望通过数据服务政府行业管理、企业精细运营及公众出行。"深圳北斗应用技术研究院有限公司（以下简称"北斗院"）院长张帆表现得很谦和，显示出从科研人员"变身"为企业负责人的务实风格。

　　2014 年 9 月才创立的北斗院，经过两年多的发展，估值就超过了 1 亿元，成为深圳中科院先进技术研究院（简称"先进院"）旗下发展最迅猛的企业之一。

最大的优点就是不怕困难

　　2009 年至 2011 年，张帆在美国新墨西哥大学和内布拉斯加大学林肯分校做博士后研究工作，主要研究方向是海量数据处理及移动计算。他的美国导师与先进院须成忠教授熟识，听说须教授在深圳搭建"先进云"，又了解到张帆想回国从事云计算方面的工作，于是就推荐张帆去先进院工作。张帆给师姐黄晓霞打电话咨询了先进院的一些情况后，就决定到先进院面试。

2011 年 8 月 11 日，张帆回国，17 日面试。先进院院长樊建平在了解了基本情况及研究发展方向后，当天就签字同意录用，并通知他 8 月 25 日上班。"先进院给我印象最深刻的地方就是高效率。与国内一些政府部门和高校的办事效率相比，这是非常难得的。"就这样，张帆带着饱满的热情加入先进院，在须成忠教授带领的云计算中心负责钻研基于云平台的大数据应用技术，组建了一支由 5 个人组成的团队，完全从零起步，从软件安装、数据协议、数据架构等基础知识学起。在短短三个月之内，他们不仅掌握了基础知识，还开发出基于云平台的大数据应用样本，在高交会上实现了先进云应用场景的展示。2012 年年底，张帆团队在大数据应用技术上实现了新的突破。当时深圳市交通运输委员会（简称"深圳交委"）统计查询半年的出租车数据需要一天时间，经过张帆团队的算法优化改进后，一分钟之内即可查询一年的数据。该技术得到了深圳交委的认可和肯定。

张帆很快熟悉了科研工作。在 2014 年，他迎来了人生的一个重大转折点。2013 年，北斗导航卫星应用技术联盟在深圳成立，先进院是理事单位，先进院计算与数字工程研究所（简称"数字所"）承担的项目是北斗应用技术位置服务平台。这个平台发挥了中国科学院深圳超算分中心的硬件优势，与企业联合推进北斗卫星导航的民用市场开发工作，促进卫星导航、云计算、移动互联网等产业的升级转型和产业融合。后来，先进院决定在 2014 年成立深圳北斗应用技术研究院有限公司，专注于智慧交通和智慧城市的技术研发和推广，主要做两块业务：一是与企业合作，做前台终端的数据采集；二是做数据分析。张帆被任命为北斗院的院长。

张帆回忆说："我非常喜欢这份工作。我在读博士的时候就更偏向于做系统级的应用开发，而把研究成果落地是我的梦想。我希望可以用产业化工作推动一个行业生态系统的改进，从而造福人类，影响世界，而先进院恰好提供了这样一个平台。在北斗院成立之初，我最担心的是资金问题，因为产品还不够成熟，需要扩建团队、开发产品。项目均在洽谈过程中，如果无钱进账，要如何维系团队、拓展市场？后来我们就定了一个最低目标，即一年内实现公司自立，认真规划哪些项目可以做。没想到运营一年多下来还小有盈余。"

张帆认为，北斗院的核心优势在于对大数据价值的挖掘。数据价值的挖掘体现在两个方面：一方面，是大数据的思维创新。他们有一个"数据经纪人"团队，希望将客户积淀产生的数据发挥出价值，帮助客户实现基于大数据的开源节流。对于客户业务的理解，对于客户数据价值的创新应用是北斗院的一大优势。另一方面，是大数据的分析挖掘能力，团队不仅仅具有数据采集、存储、挖掘、运营、维护的完整链条，而且有科研出身的强大的数据挖掘团队，在数据挖掘领域有显著优势。

数据每分每秒都在收集。凌晨起，很多服务器构成的数据处理集群将按照设定好的程序，对前一天的所有数据自动计算，完成数据清洗、过滤以及固定程序的工作。他们早上上班时就可以看到这些预处理过的数据，基于这些清洗好的数据开展下一步工作。这些数据经历了数据质量分析、数据处理、数据可视化等过程。如果用炒菜来比喻这一过程的话，就是服务器在夜间将收集来的所有数据进行分类、清洗、存储，工作人员上班后需要做的只是炒菜，而可视化则是最后的摆盘过程。

"我认为自己最大的优点就是不怕困难，很多事情都是从头学起，从头做起。比如，我以前是学通信技术的，对大数据并不熟悉，但我觉得自己这个不怕困难的特点，恰恰是产业化工作所需要的，因为一项新技术与行业的结合，有许多具体问题需要逐一解决，要不怕困难迎难而上。"张帆如此自我评价。对科研工作与产业化的差异，张帆也有独到的看法："我认为最大差异在于，产业化关注的是用户需求是否得到满足，而科研更多是技术本身的攻关。以数据统计为例，客户在当天能够查询到前一天的统计结果即可，集群可以在凌晨的闲时完成计算。这就是一个产业化的目标，而需要在 30 秒内得出结果就是一个科研目标。如果要达到 30 秒以内，必须在计算方法上有巨大突破，在成本上也会有很大幅度的增加。这对产业化来说没有必要，因为产业化必须考虑成本。"

基于这样的理念，张帆在领导北斗院开展产业化工作时，非常务实且循序渐进，使工作渐入佳境。

从数据服务到数据交易

张帆首先提出，大数据首先要让数据动起来。

互联网行业之所以能够发展如此迅猛，是因为它生来"在线"，让用户能够实时生产更多数据来反映服务的使用情况，让数据像水一样流转起来，而流转的数据也促使服务快速迭代。对于交通行业来说，人、车、路、环境原本是物理空间的独立要素，随着物联网技术的发展，我们能够逐步感知个体的时空变化，比如车辆的实时监控及轨迹回放，但前述四个要素仍然处于分割状态，想要实现数据价值最大化，首要工作就是让沉睡在数据库中的数据动起来。

2011 年起，先进院与深圳交委达成战略合作协议，并逐步开展系列合作。2012 年起，张帆带领的团队从大数据领域切入，协助深圳交委对

北斗院团队

15000 辆公交车、15000 辆出租车、3400 万张深圳通卡，以及"两客一危"车辆等海量多元交通大数据进行常态化的备份存储及分析挖掘，所取得的成果则应用于公交车、出租车、长途客运等的管理中，实现政府对细分行业的精细化监管。张帆意识到，想要让数据发挥更大的价值，必须将散落在各业务领域的数据打通，并使之流转起来，以提供在线服务，使数据加速循环迭代。

2014 年，张帆带领的团队研发并上线深圳公交电子站牌系统，通过一体化交通大数据管理平台对海量公交车辆的 GPS 数据进行实时处理，并结合路网信息、道路路况、历史到站情况等多元信息融合挖掘，预测公交车辆实时到站时间，为"交通在手"等公众出行服务应用程序提供实时接口服务（当前日均访问量在 2000 万次以上），同时将用户的访问及反馈数据迅速在后台叠加，实现服务的精准优化，对公交线网的优化提供数据支持。截至 2017 年年底，该系统产品的应用已拓展至中山、惠州等地。

在为政府和企业提供大数据服务的同时，张帆发现，原始数据拥有方、数据服务使用方、数据加工方相对独立，各自寻求渠道谋求数据价值增长。但在如今互联网开放共享的环境下，只有合作共赢才能获取价值最大化，数据也不例外，也需要一个撮合平台，才能更加生态化地运转。而现有的一些数据交易平台采取的是相对综合、杂乱的"淘宝式"发展模式，数据的价值不能更好地被挖掘。如果能够进行严格的数据质量把控，建立价值评估体系，对交易数据统一评估、统一管理、统一交易，让数据能够健康良性循环，那么就能够推动行业快速发展。

2015 年 11 月 19 日，在第十七届高交会上，由北斗院与华视互联成立的中科华视 VIFI 创新应用联合实验室（简称"华视 VIFI"）发布了全国首个交通大数据交易平台。华视 VIFI 作为当时全国最大的移动空间网络平台，至 2015 年年底，已拥有 30 余个城市约 1000 万个注册用户、覆盖 7.3 亿人的海量数据。华视 VIFI 主要发挥自有数据采集能力、媒体市场数据应用能力，而北斗院则发挥在大数据领域多年积累的数据处理能力和交通行业大数据服务能力。二者优势互补，跨界融合，为城市智能化交通的发展提供坚实的数据基础，以开放合作的心态拓展更多数据服务，方便居民的生活出行，实现交通数据的便民惠民应用。

实践数据重资产运营

"数据变现有两种模式。一种是轻资产模式，卖数据和卖服务，就如我们做的交通大数据交易平台。另一种是重资产模式，就是深入行业细节中，用大数据改变传统行业的运营模式，提高运营效率，从中赚取利润。比如，我们与深圳巴士集团共同成立合资公司'优点网络科技（深圳）有限公司'（简称"优点科技"），共同运营公交智能监控调度平台及定制公交等业务。这是对重资产变现模式的一种探索。"张帆介绍。

过去，公交集团一般都是采取人工主导、经验为主的方式进行公交车的管理，效率较低，无法适应交通状态及客流的动态变化，具有巨大的智能化提升空间。如果把大数据应用于公交调度和管理，那么就能颠覆原有的公交车运营管理方式，大幅提升公交企业运营效率，减少国家的财政补贴。

"深圳巴士集团是深圳最大的公交公司，资源与技术的互补让我们一拍即合。现在，深圳的公交车基本完成北斗导航和 GPS 双模设备的全覆盖。同时，大部分车辆均已安装 Wi-Fi（一种短距离高速无线数据传输技术，主要用于无线上网）设备，使实时大数据的采集成为可能。我们对交通出行数据进行梳理和应用，可以延伸到各个应用领域。它是一个连接体，连接我们生活中的各个部分。它是一个数据的入口，收集了我们的生活、工作、消费等行为习惯。通过大数据应用体系，深度挖掘公交出行人群的特征，结合车流、人流、路径等信息，将服务范围从线路拓展到用户生活圈，构建面向公交出行的更加完整的应用服务链。"张帆介绍。

2016 年 3 月，北斗院和深圳巴士集团共同成立了优点网络科技（深圳）有限公司，并于 9 月推出了利用移动互联网及大数据分析技术改变传统公交运营模式的优点巴士。基于共享经济理念，在不增加额外交通负担的前提下，为乘客提供更为舒适的定制化服务。优点巴士在 2016 年 9 月 22 日正式上线，至同年 12 月 31 日，三个月累计服务乘客 43000 余人次。至 2017 年年底，优点巴士在线运营 112 条线路，包括班车线路 62 条，城际专线 50 条。

2017 年 1 月 19 日上午，深圳巴士集团、先进院、滴滴出行科技有限公司（简称"滴滴出行"）签订战略合作协议。滴滴出行入股优点科技，同时将原滴滴出行在深圳的相关业务部门及定制班车业务纳入优点科技，建立新的合资公司滴滴优点科技（深圳）有限公司（简称"滴滴优点"），提供预约巴士、包车、出租车、公交电子站牌等出行服务，同时针对传统公交企业拓展数据中心等"移动互联网＋公交"相关产品及业务，在交通出行领域实现创新发展。

从公交到地铁，从行业监管到商业应用，北斗院已用交通大数据成功掘取了第一桶金。在深入行业打磨产品和拓展市场的同时，张帆未雨绸缪，善于规划，为企业确定了两个战略方向：一个是北斗高精度定位，另一个是基于大数据的新能源汽车管理平台，争取在未来三年内有所突破。他说，北斗定位目前精度已达到米级，未来目标是精度要控制在厘米级，因为未来的车辆自动驾驶就需要高精度定位系统。新能源汽车是未来发展趋势。新能源汽车管理平台，涉及充电桩的布设、电池管理、充电时间等诸多细节。"这两个战略方向属于前沿性研究，也将会是企业未来的利润增长点。我们相信数据将驱动未来城市交通变革，也将改变大家现有的交通出行模式。我们会持续专注于交通大数据的应用研究，真正实现绿色、安全、舒适、快捷的交通出行。"

【创业心路】

科研人员创业的特点及面临的挑战

张帆

在创业的路上，我只是一个新兵，谈不上什么经验和感言。我只想说一下科研人员创业的特点及面临的挑战。

第一点，科研本身也是一种对未知的探索，也可以看作是一种不计得失的创业。科研人员具有较好的技术素养和分析问题的能力，但缺乏敏锐地捕捉市场机会的能力。由于创业非常现实，必须考虑当下能否产生实际落地的应用，对于科研人员来讲这是挑战，需要转换思维，多从市场真正需要什么来考虑。

第二点，团队很重要。一方面，现在技术发展日新月异，靠单打独斗越来越难，需要能高效协作的技术团队来实施。另一方面，科研人员需要找到好的市场人员做搭档，因为技术必须和市场配合才能产生实用价值。

最后一点，谈谈科研情结。科研人员更看重创业的价值和意义、技术的先进性等，对利润及利益反而不敏感。正如我们所选择的公益性较强的交通行业，有较大的影响力却很难带来较大的利润。但我想，作为相对拥有更多教育背景的知识分子，既然肩负着通过科技手段改变传统行业的使命，也理应承担起更多的社会责任和义务。

【 创业法则 】

要有敏锐地捕捉市场机会的能力

对于一名长期从事技术研究的人，要变身为一名优秀的创业者，最重要的一点是要具有捕捉市场机会的能力，具体来说就是洞察市场的需求，设计出能满足市场需求的产品。

科研更多的是技术本身的攻关，而产业化关注的是用户需求是否得到满足。科研需要研发三至五年甚至十年后的新技术，否则难有学术和理论价值。但创业非常现实，必须考虑当下能否产生实际落地的应用，能否满足客户的直接需求，能否在较短的时间内找到相对廉价的解决方案，能否具备可交付的工程能力及运营维护能力，如何找到合适的商业模式及市场切入点。这些问题对于科研人员来讲都是挑战，需要转换思维，多从市场真正需要什么来考虑。

北斗院不论是与华视合作，还是与深圳巴士集团、滴滴出行合作，都是洞察了市场的需求，用自己拥有的技术积累和数据资源迅速切入，抢占了市场。于是，从公交到地铁，从行业监管到商业应用，北斗院用交通大数据成功地掘取了第一桶金。

【人物档案】 📍 张帆

　　张帆，博士，深圳北斗应用技术研究院有限公司院长，中国科学院深圳先进技术研究院研究员，中国科学院深圳先进技术研究院数字所所长助理，中国科学院青年创新促进会会员。2009 年至 2011 年在美国新墨西哥大学和内布拉斯加大学林肯分校做博士后研究工作。主要研究方向是海量数据处理及移动计算。目前已发表论文 40 余篇，申请国家发明专利 40 余项，授权发明专利 10 余项。获 2014 年中国智能交通协会科学技术奖一等奖。

张望：投身儿童创造力教育

张望天生是一个不安分的人，从 22 岁第一次创业开始，到科技馆的设计，再到儿童创造力的教育，他从一名做规划设计的"理工男"，转身成为致力于儿童创造力教育的研究者。17 年间，这一系列身份的转变，意味着他的创业之路跌宕起伏。如今，张望终于找到了自己的定位，并且深深地爱上深圳这座让他圆梦的城市。

向往创业的冲动从未停止

张望出生于 1978 年。由于父母在深圳工作，17 岁之前，张望一直跟奶奶生活在兰州。小时候，在他心里，深圳一直是一个遥不可及的地方，唯一的盼望就是早日和父母团聚。

1995 年，17 岁的张望从兰州来到深圳，开启了一段新的人生旅途。那时的深圳，正在飞速发展的快车道上驰骋，城市建设如火如荼，一片欣欣向荣。深圳开放的移民城市氛围，深深地吸引了张望。

2000 年，刚刚从西安建筑科技大学本科毕业的张望没有立即选择找一份工作，而是等待机会创业。这一年，他迎来人生中第一个创业机会。

当时，澳大利亚悉尼市要举办第 27 届奥运会。在澳大利亚定居的舅舅和张望合伙，从国内定制了一批彩旗运到悉尼销售，张望负责在国内供货。由于不熟悉出口业务，送货之路一波三折。2000 年 9 月下旬，奥运会已进行了一半，张望的货物才送到悉尼，影响了整个销售进程和收益。这一次创业，以失败告终。

创业失败后，张望去了一家景观设计公司，专门负责城市规划工作。专业对口而且有着不错的薪水，但生性喜欢折腾的张望内心向往创业，这种冲动从未停止。

一年后，张望迎来了第二次创业机会。当时，山西长治的一个项目负责人找到张望，希望他能帮忙做一个园区的规划设计。这既是他擅长的领域，又有人脉资源，因此让他颇为动心。经过考虑，张望找来大学同学接替自己的工作，然后开始北上进行筹备工作。张望带着工作一年的存款，找到大学时期的老师和在读研究生的同学，组成团队，开始做设计。"整个项目做了两年，如果按合同执行的话是赚钱的。可由于项目完成后，对方各种刁难，最后没有拿到一分钱的收入。"张望回忆道。

两次创业都以失败告终，就连张望本人也对创业产生了怀疑。

在父母的劝说下，2003 年，张望开始了海外求学的生涯。第一站，张望来到了新西兰，学习城市规划专业课程。新西兰自然环境非常优美，张望除了读书，就是游泳、潜水，整天与大自然打交道。他常常坐在海边，面对蓝天白云沙滩，静下心来思考一些问题，而且一坐就是一个下午。"我创业了两次，工作过，再去读书，与那些一路读上来的学生还是不一样的。对我来说，海外留学这段经历其实是一个反思和提升的过程。"张望如此总结道。

2005 年，张望来到澳大利亚墨尔本大学攻读城市规划专业的硕士。"当时，墨尔本大学在全球大学中排第 16 位，来自全球的尖子生汇聚一堂，在这个学校读书压力非常大。同学们常常泡在图书馆里读书，经常会有激烈的思想交流碰撞，而我更喜欢走出去看实际情况。我做课题研究注重第一手资料的挖掘，这样做出的东西就更接地气，常常会给人耳目一新的感觉。从那以后，我就养成了'不创新毋宁死''语不惊人死不休'的性子。"张望觉得自己在墨尔本大学最大的收获是学到了研究方法。他把前两次创业的经历好好回顾和总结，希望在第三次创业的时候能和现在的研究方法相结合，走得更顺利些。

把自己搞成专家

2007 年，张望从澳大利亚墨尔本大学研究生毕业回国，来到宁波国际投资咨询有限公司工作，做城市规划的研究。由于工作出色，一年半后，他被派往宁波科学探索中心工作。对科技馆一无所知的张望，在上任之前先到上海，考察完上海的科技馆后，开始了科技馆建设工作。"那时候睁眼闭眼说的都是科技馆。最有干劲时，我每天 5 点 5 分就起床，5 点 15 分准时出门，开车将近 2 小时，7 点 30 分准时到办公室。"

2011 年，宁波科学探索中心的工作即将完成，张望和他的团队面临着由技术人员变身为管理者的重要转型。而此时，公司的核心骨干开始陆续离职。一系列变故让张望感觉遇到了职业瓶颈。"我不想看到自己的团队就这样四散而去，我希望把建设宁波科学探索中心的经验复制到更多科技馆的建设中去。就这样，我和团队中的 5 名技术骨干一起走上了创业的道路。"2011 年夏天，张望在宁波成立了考工创意记产品创意有限公司（简称"考工记"）。最初，考工记借用一个造船厂的办公楼顶楼做办公场地，只花了几千元做简单装修，一到夏天，温度常常超过 40℃。但为了节约开销，大家都尽量不开空调，6个小伙子光着膀子，穿着大裤衩，成天在那儿画图纸、做设计。

虽然环境异常艰苦，但找准以设计科技馆为主要方向之后，团队成员个个都像打鸡血一样拼命地干。张望说："我知道国内科普领域的原创性非常差，我希望通过对科学和文化的独特理解，结合公众的理解能力和关注方向，将新的内容用新的形式通过新的途径，传播给目标受众，达到更好的传播效果。我们一直是在综合运用机械、电子、自动化、多媒体等多种技术，进行非标准化的创新设计和制作，来实现特定的目标，整个工作充满创意。"

2011年冬天，张望的团队迎来了第一笔大单：为国家计生委即将要建造的科技馆做一个概念方案。几经波折后，方案终于顺利通过。主任专家对方案的评价很高，说"你们把自己搞成专家了"。通过这个项目，张望知道，不仅是科普展示技术要创新，对科普的内容也要深入研究，只有真正成为专家才能做好科普设计。

为了提升团队的创新设计能力，张望顶着巨大的财务压力，不惜血本，将设计师送到美国去学习，从而使整个团队的创新设计水平得到了很大提升。紧接着，考工记承接了"创新驱动发展，科技引领未来——中国科学院2013年度科技创新巡展"、中科院与德国马普学会联合举办的科学隧道展等项目。张望介绍道："我们将高端科研成果转化为公众容易理解和接受的参与、互动、体验形式，并获得了一定的成功。尤其是中科院与德国马普学会联合举办的科学隧道展，我们团队负责的纳米展区所用的成本不到德国同行同等面积成本的三分之一，但我们展区的互动展示效果却令一直以精工制造为荣的德国人竖起了大拇指。这套展览最终被国家纳米科学中心永久收藏。"

张望（左四）和团队成员在首届"大众创业，万众创新"活动周上

　　在陆续做了几个项目之后，张望的团队的工作渐渐有了起色。然而，没过多久，张望面临着更大的危机。由于国内科技馆缺乏对原创性设计的尊重和保护意识，很多三、四线城市的科技馆硬生生抄袭一线城市的科技馆创意。张望意识到，如果自己只单纯设计科技馆而不做展品的制作，那么卖了几个设计方案后就会面临被饿死的危险。于是，张望决定上马展品制作。但这需要大笔资金。张望先在宁波租了 2000 平方米的厂房，开始进行展品制作。后来，张望参与科技馆建设投标，发现每个政府项目都需要 10% 的履约保函，也就是必须交大笔担保资金。这对张望又是巨大的考验。此外，投资商对科技馆建设这类政府项目没有投资兴趣。张望说："创业三年，连亏三年，最惨的时候公司账上只有 600 元。"

　　2012 年年底，张望的生意逐渐淡了，持续几个月都没有项目可做。一次，身兼财务、行政职务的陈燕到机场接张望，对他说："公司的账上只剩下 600 元，下个月的工资已经发不出了。"听到这句话，张望十分震惊，感觉很绝望。善解人意的陈燕说："我还有几万元私房钱，要不拿去把工资先发了。"这句话让张望特别感动，毕竟陈燕当时并不是公司股东，还只是入职才一年多的普通员工。万般无奈之下，已经数次和父母借钱的张望，不得不再次向父母借钱周转。

在最困难的时候，让张望感动的是团队的坚韧和团结。"记得与美国人合作的时候，我每天 5 点 15 分起床，先把邮件处理了发给同事阎细圣，然后去跑步。6 点 30 分回到住处时，我肯定会收到阎细圣的回复邮件，他已经全部处理好了与美国公司在商务方面的事情。我们之间的默契，让团队更具有战斗力。最早的创业团队一直同行走到了今天。我知道，离开他们，我什么都不是，所以我非常珍惜与他们在一起奋斗的日子。"张望饱含深情地说。

我们选择了深圳，深圳也选择了我们

2013 年 11 月，张望随中科院科学传播局和中科院国家科学图书馆的领导前往深圳参加高交会。"会上，我结识了中科院深圳先进技术研究院（简称"先进院"）负责科学传播的毕亚雷老师。"张望介绍，"我们在科学传播、科普教育方面不但有很多共识，而且在很多方面互补。"

通过参与"中国科学院科技创新年度巡展 2014"、2014 年全国科技周等活动，张望团队和先进院在磨合中形成了更多默契。2015 年，中科创客学院正式成立后，张望团队作为一个子项目进入，并与中科创客学院合作成立深圳市中科维盛文化与科学传播有限公司（简称"中科维盛"）。

此后的近一年时间里，中科维盛通过资源共享、力量整合，迅速发展起来。张望感叹道："进入中科创客学院，是我们非常明智的一个选择。2015 年年初，我清醒地意识到，今后科技馆的发展一定是展览与教育活动同步进行，于是把第一年一半的盈利拿出来投入教育培训活动的研发之中。"

张望团队所理解的科普教育是具有前瞻性，以青少年及儿童的创造力教育为核心的。在 2015 年"双创周"上，张望向李克强总理汇报工作时提到："构建健康的创新生态环境是'双创'的必要条件，而创造力教育则是其最坚实的基础。"

张望的创造力实验室就设在深圳市南山区青少年活动中心二楼。实验室定期推出的创造力测评、创造力提升课程收获广泛好评。2017 年元宵节，张望在南山的蔚蓝海岸社区打造的"创造力实验室"开门迎客，孩子们到这里可以学习艺术创造课、TRIZ① 发明课、电子艺术课、美式科学课等。

中科维盛将教育以多种形式呈现出来，实现跨界创新。张望借用钱学森先生曾说过的一句话——"创新的人才要兼具科学精神和人文精神"，希望自己也能实现跨界创新人才培养的目标。

张望自豪地说："我们主要还是以实现教育目标为主。正是因为这一特点，2015 年 8 月，国家发改委和中国科协点名由我们团队负责 2015 年全国'双创周'北京主会场启动仪式的总策划和总执行。我们这支创新团队再一次不负众望，在时间紧、压力大、要求高、困难多的情况下，运用了科普教育中所积累的创新经验，通过机器人、新型传感器、多媒体等多种技术，打造了一个完美诠释'汇聚发展新动能'内涵的启动仪式。"

2016 年，张望带领的团队中标浙江慈溪科技馆（12000 平方米）为期五年的运营管理项目。张望说："这不仅给了我们一个实践的机会，更是中科维盛正式进入科普行业所迈出的重要一步。"浙江慈溪科技馆在 2017 年夏天开馆，计划每年接待观众 10 万人次。

张望曾经在微信朋友圈写道："我们选择了深圳，深圳也选择了我们。"再次在深圳扎根，张望感受颇深："我最欣赏的是'深圳精神'。这个地方

---

① 发明问题的解决理论。

既促进创新，也包容失败。"他经历了多次创业，最终在儿童创造力教育领域耕耘出丰硕的果实，而这恰恰是他最为热爱的行业。他说："我们团队里大多数成员都已为人父母，他们对孩子的创新教育深有体会，认为自己做的这份事业十分有意义。他们热爱它并为之努力，就算结果不尽如人意，这一路走下来也会受益终生，一生无悔。"

【创业心路】

创业好比一场马拉松

张望

创业就好比一场马拉松，需要的太多太多，但坚韧不拔的意志始终是最重要的。创业过程中，起起落落是很正常的现象，不要轻言放弃，一定要坚持下去。

对于创业者来说，我认为需要三个"气"：有勇气、沉住气、接地气，就如深圳的城市精神中所说的"创新需要有承受失败的勇气"。

所谓"沉住气"是说，成功没有那么容易，需要时间，需要经历无数次的失败。

所谓"接地气"是指，公众需求才是拉动创新创业的原动力。随着"双创"的深入人心，创新型人才的重要性将越发凸显。经过不断努力和投入，中科维盛在明确了"儿童创造力"培养目标之后，终于研发出国内最为完整的儿童创造力教育体系。我们在"双创周"的展位上迎来不少孩子，我相信这些孩子里一定有不少人在三十年后远远超过今天的我们。而让我们感到骄傲的是，他们心中创新的种子可能就是我们今天埋下的。正因为接地气，正因为我们团队成员拥有一种情怀，所以我们选择在儿童创造力教育领域精耕细作，决心在这个领域跑一场马拉松。

【创业法则】

创业首先要找到赚钱之道

"我们团队创业基础算是好的，但也经过四年才逐步脱离求生期。"张望如此感慨。而他讲述的是一个事实：创业者第一步是要找到赚钱之道，也就是商业模式。让企业生存下来，这是创业的第一个重要任务。

张望最初的业务是单纯设计科技馆，不做展品的制作。但由于国内科技馆设计创意保护意识的缺失，他的团队在卖了几个设计方案后，就面临饿死的危险。张望决定上马展品制作，可又因为承接政府项目必须缴纳巨额保证金，被弄得捉襟见肘。一直到 2015 年，张望领导下的中科维盛开始在创新教育领域打出名气，顺利承接了慈溪科技馆的运营任务，这才走上稳健发展之路。

企业的核心价值是满足用户需求，用户愿意付费的产品和服务才真正有价值。所以，做企业应该围绕这个核心去努力，要做真正能赚钱的企业，而不是虚有其名或者在资本市场上以估值等各种幌子圈钱。说穿了，公司估值也只是一场资本游戏，与企业的真实价值并无多大关系。

【人物档案】 📍 张望

　　张望，硕士，毕业于澳大利亚墨尔本大学，工程师。现任深圳市中科维盛文化与科学传播有限公司董事长、宁波考工创意记产品创意有限公司董事长。

阳如坤：十年磨一剑，引领锂电装备产业发展

他有中国科学院科研背景，经历过多次创业的跌宕起伏；他参与创办了深圳市第一家机器人公司——深圳市新松机器人自动化有限公司，见证并参与了机器人行业在珠三角的崛起和爆发；他所创立的"吉阳"被业界称为锂电池自动化装备产业界的"黄埔军校"，培养了大批人才……

他就是阳如坤，深圳吉阳智能科技有限公司（简称"吉阳"）董事长。

从工厂技工到研究员

1986 年，阳如坤从湖南大学机械制造工艺与装备专业本科毕业，被分配到四川自贡东方锅炉厂从事电站锅炉机械制造工艺工作。工作期间，阳如坤最大的收获就是，由于所学的东西与工业生产差距很大，对要怎么用技术解决工业实际问题有了切身的体会。

"那些老师傅很牛，在工艺、制造方面有丰富经验，我如果不放下身段，就根本学不到东西。所以我就每天第一个到单位，搞好卫生，给师傅打好水，拉近与师傅的距离，获得他的信任，然后才能学习取经。"阳如坤在东方锅炉厂工作了两年后，考入中科院沈阳自动化研究所读研究生。

中科院沈阳自动化研究所是我国在自动化研究方面走在最前端的研究机构之一，国内第一张 IC 卡[①]、第一台机器人都是这里研制的。阳如坤非常自豪能够来到这里深造，并且在硕士毕业后留下来工作。由于取得了一系列出色的科研成果，阳如坤在 30 岁就获得正研究员的职称。

在沈阳自动化研究所创办的沈阳新松机器人自动化股份有限公司（简称"沈阳新松"）工作的十三年中，阳如坤有六年是在做机器人的研发工作，有七年是在做机器人的应用工作。正是在做机器人应用工作的过程中，阳如坤开始接触到汽车的生产线。

阳如坤回忆，从 1999 年 4 月开始，他在沈阳新松任副总经理，负责工业机器人开发和机器人应用工程开发工作。在此期间，他负责"863 计划"智能机器人领域重大项目"120kg 点焊机器人目标产品开发"，产品被成功应用在一汽红旗轿车生产中，取得很好的经济效益和社会效益。此外，阳如坤还从事汽车零部件、汽车焊装自动化生产线、汽车冲压线自动化、摩托车自动化焊接生产线的开发，成果被成功应用在捷达轿车、上海大众系列轿车、上海别克轿车部件、海南新大洲摩托车、南京金城摩托车、重庆嘉陵摩托车的生产上。"在将机器人技术应用到工业现场，解决自动化生产问题方面，沈阳新松做了很多有价值的探索，也奠定了在工业界的基础。"阳如坤说，曾经针对摩托车车型变化复杂的问题，他组织团队专门设计了一款"万能夹具"，解决了 20 多种摩托车车架的制造焊接问题，让客户不必因为车型不同而不停地换生产线，从而大幅降低了客户的成本，实现了 3000 多万元的销售额。

也是在这期间，沈阳新松给雷天做了一条锂离子动力电池生产线，那

---

① 集成电路卡。

时阳如坤就颇有远见地意识到，"电动汽车一定会是未来的全新产业"。2000 年，阳如坤南下深圳，创办了深圳市新松机器人自动化有限公司（简称"深圳新松"），这段工作经历促使他与锂电池制造设备结缘。

用最实用的方法，一步一步来

2006 年，阳如坤创立深圳吉阳智能科技有限公司，开始正式进入锂电池设备制造领域。经历了深圳新松、创明电池等几次创业经历，阳如坤积累了大量的理论知识与技术经验，也拥有一些市场和人脉资源。"基于技术的积累、管理的积累、团队的完善、对市场的认识等一系列的沉淀，自然而然有了吉阳。"阳如坤解释道。

一切从零开始：画图、招人、技术研发、产品开发……半自动卷料机就这样诞生了。第一单产品在朋友的帮助下卖出 14 万元。这款机器"当时可以替代 6 ~ 7 个人，用十几万元节约了这么多工人的人力成本，对企业而言还是很划算的"，阳如坤回忆起当时的情景。

就这样，半自动、组合自动化、一体化、智能制造，吉阳一步一个脚印，扎扎实实走过了十个春秋。阳如坤认为，吉阳首先一定要满足客户的需求。对吉阳而言，产业合作方面最大的亮点是和东莞新能源（ATL）的合作，双方携手做了很多创新性研发。"机器卷与手工卷不一样，张力不太好控制，张力大了卷出来的电池会变形，张力小了又对不齐。"回想起与东莞新能源的合作，阳如坤说，吉阳采用了学习型的控制方法解决了变形问题，最终也申请了发明专利，现在几乎所有的卷绕机都用了这个技术。

针对与东莞新能源的合作，阳如坤总结道："吉阳能够生存，主要是因为对产业的深刻理解，能够引领产业不断发展。吉阳面对客户的需求是一步一步来的，不是一下下推出一个尖端技术，而是用最实用的方法，既

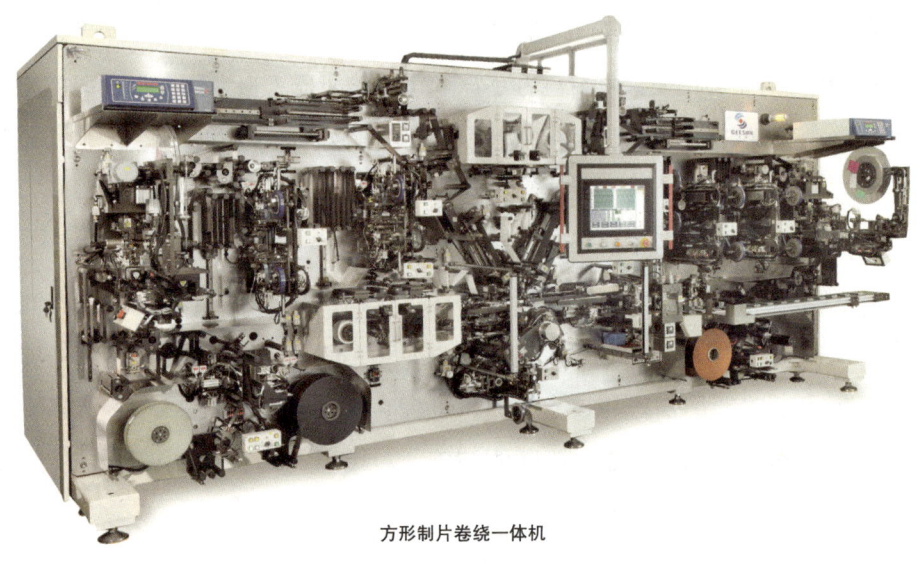

方形制片卷绕一体机

能帮助客户解决问题，又能帮助客户控制成本，还能符合客户前道工序的要求。"

说起近几年吉阳的发展，阳如坤非常自豪："2015 年收入 1.4 亿元，2016 年 2.3 亿元，2017 年 5 亿元——第一季度合同额就已超过 2 亿元。现在我们有员工 350 人左右，其中 100 多人都是老员工，他们都是吉阳的骄傲。"

最让阳如坤感到自豪的是，吉阳目前的优势主要体现在技术方面。截至 2018 年年底，吉阳已拥有 318 项发明及实用新型专利、25 项 PCT 专利、35 项软件著作权。核心技术主要为三大块，即卷绕技术、叠片技术、激光技术。

"同时，我们也要清楚地认识到，我国的设备同国外的相比较，还是有一定的差距。在技术、产品性能上没有多大的差距，主要在于我们的工业基础同国外的工业基础不一样，这就造成在大规模的生产经验上存在差距。这个差距需要一个逐步追赶的过程来缩短。工业基础的差异导致稳定性差异，当然，这需要一定的时间去验证，去突破。"阳如坤客观地分析。

在锂电制造装备方面，国内的设备也有相对优势，尤其锂电行业与国外的差距不像其他行业那么大，锂电装备在技术上与国外几乎是同步的，有的还走在前面，如激光制片技术、卷绕变形控制技术、防止叠多片的技术等。而且，国内企业响应快、性价比高，技术更新换代都比国外的快。

成为机器人创造人类美好生活的引领者

2015 年，国务院发布了《中国制造 2025》，作为实施制造强国战略的第一个十年行动纲领。新能源汽车产业是《中国制造 2025》中十大需要突破发展的重点领域之一，也是关系国家经济社会发展的战略性新兴产业。此后，从中央到地方，相继出台了一系列对新能源汽车产业的支持政策，极大地增强了企业界发展新能源汽车及相关产业技术的动力。

在这样的背景下，许多人认为锂电池行业到了高速发展期。但阳如坤并不这样认为："中国从 2008 年开始发展动力电池行业，到 2010 年都仍处于萌芽期；2014 年年初到现在 [①] 出现第一波增长，可以称之为发展元年；到 2020 年，动力电池技术路线确定下来后，才会进入快速增长期。"为什么是 2020 年？阳如坤耐心地解释道："电池体系在不断变化，现在常用的是磷酸铁锂、三元、锂硫电池，它们面临两个共性问题：一是能量密度要不断提升；二是要在真正意义上实现安全。而现在的电池技术还没有完全做到。"阳如坤认为，固态电池是解决两大问题的终极方法，所以到 2020

---

① 即阳如坤接受本书采访时的 2017 年。

年后，技术才会相对稳定。

"不是说现在的技术不行，当前的积累对未来都是有价值、有意义的。目前磷酸铁锂电池相对安全，但是本身能量密度不够，不能满足汽车行驶里程的要求。现在单体的能量密度是160Wh/kg，未来希望能做到300 ~ 350Wh/kg，才能对电动汽车和无人驾驶形成真正意义上的促进。"阳如坤补充道。

针对当前动力电池制造合格率为70% ~ 80%的低值问题，阳如坤认为，技术成熟都需要一个过程，要达到95% ~ 96%的高合格率，就要求整个产品的工艺、装备都要成熟。现在核心操作工序虽已经自动化，但合格率最高也只有91% ~ 92%。面对未来，阳如坤信心满满："未来，我们将引入智能制造来解决这一问题，吉阳将努力达到95% ~ 96%的合格率，致力于成为机器人创造人类美好生活的引领者。"

【创业心路】

把技术变成有价值的产品

阳如坤

如何把技术变成有价值的产品，是我最大的创业动力。

我曾在科研院所工作，看到一些辛辛苦苦研究的成果被放在墙角，弃之不用，感到非常可惜和失落。我希望自己研发出的技术创新成果能够解决工业的实际问题。

对我来说，用技术解决客户的痛点，为客户创造价值、带来价值，解决工业和生活中的实际问题，才是最有意义的，而不是我的技术本身多么高明。

所以，我离开研究所，走上创业的道路。

【 创业法则 】

创业最重要的是要坚持

阳如坤创办深圳吉阳智能科技有限公司这十年，起步的时候，一切从零开始：画图、招人、技术研发、产品开发……半自动卷料机就这样诞生了。从销售第一单产品开始，到半自动化产品、组合自动化产品，再到一体化、智能制造，吉阳一步一个脚印，一路扎扎实实走过了十个春秋。

他说："创业的道路上有很多困难，最重要的是要坚持。我们曾在2012年最困难的时候咬牙坚持下来，坚信创业的春天就会到来。当然，坚持的过程非常痛苦。这个过程，包括在产业低潮时如何取信于股东，如何与不按常理出牌的竞争对手打交道等，会让人非常痛苦。处理好各种关系，对纯技术类型的创业者来说是不小的考验。"

【人物档案】 ♀ 阳如坤

　　阳如坤，毕业于中科院沈阳自动化研究所，现任深圳吉阳智能科技有限公司董事长。1986 年 7 月至 1988 年 8 月，在四川自贡东方锅炉厂从事电站锅炉机械制造工艺工作；1991 年 7 月至 1999 年 3 月，在中国科学院沈阳自动化研究所从事智能机器人、工业机器人、工业机器人应用工程等的研究工作，任机器人工程部副主任，硕士生导师；1999 年 4 月至 2001 年 2 月，担任沈阳新松机器人自动化股份有限公司副总经理，负责工业机器人开发和机器人应用工程开发；2001 年 4 月至 2003 年 5 月，创建深圳市新松机器人自动化有限公司，任总经理，带领公司从事工业机器人自动化生产线开发和锂离子电池生产自动生产线开发。2003 年 6 月至 2005 年 12 月，创建深圳市创明电池技术有限公司，任总经理。2006 年，创建深圳吉阳智能科技有限公司，任董事长。

彭华军：让头戴影院产品走进千家万户

在深港产学研基地西座一层，深圳纳德光学有限公司（简称"纳德光学"）坐落在这里的一间不大的办公室，室内分上下两层，四面白墙，显得干净明亮。下午一点半，已经错过午饭时间，董事长彭华军叫了一份外卖，在办公桌前快速地扒了几口。显然，这已经是他的工作常态了。

致力于头戴影院智能眼镜的研发和生产销售的纳德光学，成立于 2015 年 1 月。在成长过程中，纳德光学遇到一个又一个技术、生产和销售方面的难题，但彭华军坦诚地说："与之前那次不成功的创业相比，我觉得现在遇到的任何困难其实都不算问题。"

第一次创业失败后，内心非常痛苦

1999 年，彭华军获得南开大学硕士学位后，进入香港科技大学攻读博士学位，师从先进显示与光电子技术国家重点实验室主任郭海成教授，主要从事 LED、OLED、液晶等显示技术的研发。获得博士学位后，彭华军在香港应用科技研究院从事显示系统的研发工作。

2008 年年底，彭华军离开香港，来到佛山南海，在广东中显科技有限公司担任生产技术总监，建设广东省首条低温多晶硅 AMOLED① 生产线，负责厂房建设、团队组建、生产线安装调试、样品研发等。虽然事情很繁杂琐碎，但彭华军在生产一线积累了丰富的实战经验。工作了两年多之后，彭华军决定自己创业。

"2011 年 4 月，我来到广州市萝岗区（现属黄埔区）创业。当时我最熟悉的就是显示技术，所以创业项目选择了手机屏模组。当时招聘了十来个人，负责设计、组装、销售等环节的工作。但由于手机产业（包括供应链和市场）都是以深圳为中心，我们公司位于广州，距离远，管理辛苦，效率也低，加上当时国内山寨手机冲击，市场管理很不规范，利润也很薄。最后，公司苦苦支撑了一年多，停止了运营。"彭华军回忆起第一次创业的情景，"第一次创业失败后，我内心非常痛苦，感觉浪费了时间、精力和积蓄，不断地问自己为什么当初想当然地去做门槛如此之低、自己不擅长而又没有太大意义的事情。可以说，这次创业失败，对我的打击是比较大的。说得严重点，曾经一度我想跳楼的心都有。好在时间可以冲淡一切，我逐渐走出了这次失败的低谷。"

2012 年年底，冷静下来的彭华军从广州来到深圳，从打工起步，做了一段时间的技术支持与服务后，进入国内首家量产硅基液晶（LCOS）的公司——深圳长江力伟股份有限公司（简称"长江力伟"），做市场负责人。

"虽然第一次创业失败了，但我一直想找机会再次创业。因为我觉得自己读书读到博士，学了很多专业知识，而一个人能力越强，也就意味着责任越大。可以说，承担更多的责任，是我再次创业的原始驱动力。我希望能用所学的知识做更多有意义的事情。2014 年 6 月，我离开长江力伟的时候，

---

① 有源矩阵有机发光二极体（active matrix organic light emitting diode）。

谷歌眼镜以及 VR 眼镜正掀起市场热潮。我认为这是一个很好的创业机会。这两类产品都是头戴显示设备，其中的核心技术在于显示芯片和光学技术，都有很高的技术门槛，而我过去十余年的积累就是在这两个方面。"

"科技男"的情怀

再度创业的前期，彭华军足足做了半年的准备工作。

"我计划做头戴显示产品，前期着手调查了当时市场上的同类产品情况，发现索尼已经推出了三代头戴显示眼镜。我自问，有没有可能做得比索尼的更好呢？答案是肯定的，而且可能性很大。我分析了索尼的头戴显示眼镜，虽然外形酷炫，但存在硬伤，主要是佩戴不舒适，用户体验差，戴近视眼镜的人群难以使用，且价格昂贵，也没有达到真正一流的显示效果。而这些问题我们团队是有能力解决的，所以我有很大的信心能做好这个产品。"彭华军说，"我长期从事各种信息显示器件和应用的基础研究，对平板显示、微显示，以及近眼显示光学技术与产业链有着深刻的理解。于是，我决定在深圳创办一家专门做头戴显示设备的公司。"

2015 年以来，VR 成为资本热炒的对象，智能眼镜市场也相应呈现出爆发式增长。然而，尽管 VR 市场如火如荼，真正体验良好的 VR 产品并不多。较便宜的 VR 盒子不仅笨重，而且由于使用手机屏幕，颗粒感严重，如果佩戴超过 5 分钟，还会产生眩晕、恶心等感觉，造成眼睛和身体其他部分的双重不适。此外，体验良好的 VR 产品大都需要一个相对安全的体验空间，不能随身携带。

2015 年 1 月成立的深圳纳德光学有限公司没有在此时跟风，而是选择暂时放弃火爆的移动 VR（又称"VR 眼镜盒子"）和 VR 一体机，致力于打造一款头戴智能视频眼镜。"这是结合了目前大众需求以及自身优势的最佳选择。我们经过调查，发现目前人们对于眼镜产品的最主要需求是观影和游戏。用户最关注的是佩戴舒适性和画面清晰度。"彭华军解释，这两大因素与纳德光学的技术背景一"触碰"，便催生了 GOOVIS（酷睿视）G1。

在这个"概念为虚、产品为实"的时代，越来越多的创业者迷失在"画饼"上。纳德光学的做法对整个行业来说是一种启示，它跳出 VR 的圈子，用更成熟的产品来"围攻"观影市场，既是对用户负责，也能帮助自己避开不必要的竞争。彭华军说，"用技术创造有价值的产品"是他这个"科技男"的情怀。踏踏实实做好每一款产品，要在技术上占领制高点，用高门槛杜绝仿制。

还可以做更多有意义的事情

2015 年 11 月，纳德光学公司旗下头戴显示的第一代样机——移动 3D 巨幕影院首次在高交会展出，被不少体验者评为"全场最清晰的眼镜"。展会后，松禾资本的合伙人就主动接触纳德光学，并在体验样机、了解团队基本信息后，向彭华军伸出"橄榄枝"。其实，在此之前，彭华军在公司成立之初就获得微纳点石、合江资本等机构和个人的天使投资。松禾资本的这轮投资为纳德光学持续创新注入了血液。

2016 年 1 月，彭华军携第二代移动 3D 巨幕影院样机到美国硅谷，参加第六届北美华人高层次人才创业大赛，与来自全球的数百个项目进行了多轮竞赛，获得总决赛二等奖。彭华军在大赛上的路演，赢得了评委之一——武岳峰资本合伙人的青睐。在深入了解后，武岳峰资本决定投资纳德光学。而在国内，纳德光学也获得另一家知名创投机构——朗玛峰创投的投资。在 2016 年年中，纳德光学就获得过千万元的 Pre-A 轮[①] 投资。

---

① 介于天使轮和 A 轮之间的融资轮次，对数据的要求会低一些。

优秀的创业项目历来都是资本市场上的香饽饽。彭华军并未就此止步，而是精益求精地打磨细节，一定要把产品做到尽善尽美才推向市场。2016年9月13日，纳德光学召开GOOVIS

纳德光学团队合影

G1 移动 3D 影院的发布会，并于 9 月 18 日开启京东众筹。10 月，纳德光学 GOOVIS G1 移动 3D 影院京东众筹以 314% 的目标达成率圆满结束。11 月，纳德光学移动 3D 影院项目荣获 2016 "创业之星" 中国新媒体创业大赛 VR 专场二等奖。

这是一款什么样的头戴显示产品呢？据彭华军介绍，GOOVIS G1 定位为 "移动 3D 影院"，经过 500 多个日夜打磨，内部前后迭代三次，终于在清晰度和佩戴舒适度之间找到了契合点。GOOVIS G1 主体重量不足 200g，采用了 0.7 英寸索尼独家 OLED 微显示屏，画面清晰，同时拥有等效 20 米外 800 英寸的高清巨幕，相当于 3D 巨幕影院第八排中间的视效。借由纳德光学多项专利级技术和设计，GOOVIS G1 在佩戴舒适度和视觉舒适度上有了质的飞跃，让用户无论出差还是旅游度假，都可随时享受大屏观影带来的愉悦感。另外，GOOVIS G1 还可直接连接 Wi-Fi，适配 U 盘、手机、电脑、游戏主机等多种设备，给用户带来移动化、个人化、轻巧化的观影体验。GOOVIS G1 不单是移动 3D 影院——观影只是其中一个重要功能，而更像是一个 3D 巨幕电视，并且不少性能超越了传统的电视。

最值得称道的地方是，这款产品具有柔光护眼的功能，AMOLED 微

纳德光学新品发布会上，彭华军接受媒体采访

显示屏大幅减少有害蓝光，比手机、电脑液晶屏更护眼；20 米舒适点聚焦，远焦点成像让眼睛更轻松；光学系统采用 12 片透镜组高精密加工，呈现单反级光学成像效果，画面清晰；出色的光学技术支持左右眼独立调节屈光度和瞳距，精准适配，清晰舒适。

由于产品品质卓尔不群，彭华军开始信心十足地进行线上、线下结合，拓展国内市场，希望做成一个走进千家万户的头戴影院眼镜。"未来结合行业应用，我们还可以做更多有意义的事情。"彭华军满脸阳光地说。

就在 2017 年第一季度，纳德光学喜讯频传：1 月，随身 3D 影院 GOOVIS G1 在美国 CES 闪耀亮相，启动海外市场拓展。4 月，GOOVIS G1 在 2017 中国电子产品设计创新大会上荣获首届红钻奖之"卓越视觉美学奖"；在 2017 中国电子信息博览会（CITE）全球 VR/AR 开发者应用分享峰会上，彭华军荣获"十大 VR 人物"称号，GOOVIS G1 随身 3D 影院荣获"十大 VR 硬件"殊荣。

彭华军透露："截至 2017 年 3 月底，公司已在国内国际申请近 50 项核心技术专利，其中超过一半为发明专利和 PCT 专利，20 余项已获得授权。"

如果说第一次创业失败给了彭华军第二次创业更多的教训和启迪，那么，过去的痛苦如今已化作让他不断前行的智慧和动力。"所以说，失败也是一种美好的经历，好过人生一片空白。""科技男"彭华军如是说。

【创业心路】

一定要总结失败的教训

彭华军

失败也是一种美好的经历，好过人生一片空白。失败并不可怕，一定要总结失败的教训，再次创业就可避免犯同样的错误。总结过往经验，我认为，一方面，创业应该挑战高难度，做真正有意义的事情，这样才可能做出一番事业；另一方面，高学历创业者不能眼高手低，一定要明白创业必须接地气，要能放下身段，这是我的切身体会。

第一次创业后期，我感觉非常痛苦，自问为什么做门槛如此低、这么没有意义的事情。而第二次创业，我选择了一个技术门槛相对更高，而且是自己擅长的专业方向，一开始很不容易，但真正全身心扎进去之后，就发现了无穷的乐趣，而且可以建立起相对的竞争优势，取得后发先至的喜人效果。我现在很享受创业的过程。

【创业法则】

创业要挑战高难度

彭华军两次创业，第一次以失败告终，第二次则走到今天。第二次能走得更顺、更远，是因为他选择了自己擅长的又有一定难度的项目作为创业方向。

他把全部精力聚焦到头戴显示的光学模组与整机技术研发上，激发了内心的热爱之情，然后他竭尽全力，全神贯注于一个方向、一个产品、一个制高点。开始的时候，他可能是孤独的，也会有疑惑和痛苦，但随着不断深入，渐渐地在痛苦的探索中产生了成就感和喜悦感。"热爱"和"全神贯注"是一对因果关系。因为热爱才能全神贯注，在全神贯注之中自然而然就热爱上了。

常人总会有畏难情绪，习惯做自己最擅长却普通的事情。彭华军的创业故事却证明，全神贯注能够渐渐产生乐趣；一旦感兴趣，积极性将更高。以这样的态度和心境挑战高难度项目，往往能够实现超越。

【人物档案】 📍 彭华军

  彭华军，博士，毕业于香港科技大学，现任深圳纳德光学有限公司董事长兼 CEO。

孙敬波：如何从"鸡尾巴"改行当"老鹰"

在 2016 年 11 月举办的第十八届高交会上，一件神奇的智能运动衣走上中央电视台屏幕。这件运动衣可以给使用者提供实时心电分析，捕捉心电异常前兆，预防运动猝死。这样一项科技成果一亮相就受到广泛关注，并在 2017 年 5 月实现量产。推动该成果转化的阿木（深圳）新科技有限公司（简称"阿木新科技"）创始人孙敬波表示，跨学科整合是该项技术的竞争壁垒，其中来自中科院深圳先进技术研究院（简称"先进院"）的心电智能算法成果是最核心的竞争力。

日本留学的经历

孙敬波大学毕业后，在沈阳当过一年的英语老师，生性喜欢折腾的他不喜欢教师这个职业，决定去日本留学。2001 年，孙敬波进入日本上智大学攻读硕士学位。迫于生活压力，不到一年，孙敬波暂停了学业。

"通过在某台资上市企业日本分公司做市场运营，我有了一些积蓄，就再次考大学，顺利进入东京六大私立名校之一的立教大学，攻读经济学硕士、博士学位。当读到博士一年级的时候，我跟导师聊天，问毕业后可以从事什么工作。没想到导师告诉我，读完博士后可以选所大学当助教。我当时一听就愣住了，转了一大圈又做回教师啊！"孙敬波经过再三考量，决定退学，毅然回国。

孙敬波回忆在日本的六年经历，印象最深刻的是大学非常注重对学生的逻辑思维和严谨治学精神的培养。而在日本打工的经历，让他对日本人工作认真、遵守秩序的特点很欣赏。

在日本的时候，他也曾思考过，如果自己创办企业，一定要把日本文化和欧美文化的特点结合起来，既要有日本文化严谨认真的一面，又要有欧美文化有创造力的一面。

创业起步时的摸索

2005 年，孙敬波进入日本东洋一通商株式会社，并在同年被派到深圳担任华南区负责人。在这个阶段，他每天工作 12 个小时以上，既要学习进出口业务，又要熟悉国内的情况，虽然已到而立之年，但还没有成家，他把全部精力都投入了工作中。

孙敬波 2008 年 1 月开始创业，在南山区留学生创业园成立深圳海默科技有限公司（简称"海默科技"），专门做日本三垦电气在中国区的模拟功率器件，尤其是以集成电路为主的电子元器件代理，主要瞄准工业控制和汽车核心组件。海默科技在上述领域中不乏行业领军型的客户，并在某些细分领域中具有高市场占有率。比如，在比亚迪电动汽车的 EPS 控制芯片中，有 90% 的供应来自海默科技。2015 年，海默科技跻身中国电子元器件代理商前五十强。

站稳脚跟后，孙敬波首先想到的是实现模拟功率电子核心器件的国产化和自主化，即自己做芯片研发，并于 2012 年成立深圳海天力科技有限公司（简称"海天力科技"）。"我当时想自主创新，做工业器件中的芯片，但没想到这是个对资本和技术积累要求都非常高的领域，其门槛远远超出我的预估。当时我去日本，想高薪聘请即将退休的三菱电机某研发部部长。这个资深研究人员说：除了长期、大量的资本投资之外，如果你没有一个成熟的团队，我一个人去了也没有作用的。"

经过重新谨慎评估以及经过对未来的重新规划，孙敬波放弃了做芯片的想法，转而进入相对容易进入的功率系统集成设计领域。孙敬波是一个风趣诙谐的人，他笑着说："你肯定玩过老鹰抓小鸡游戏，在这个游戏中，品牌拥有者是'鸡妈妈'，所有的配件商都属于'鸡尾巴'的角色，系统集成设计就是'鸡身'。而无论是'鸡尾巴'还是'鸡身'，只能看见'鸡妈妈'后脑勺，不能真正与市场重大需求对接，更别说看到'老鹰'了。市场需求等核心资源的把控和信息的更新，主要在'鸡妈妈'和'老鹰'手里。我做'鸡身'和'鸡尾巴'多年，所以很想有一个机会能当一回'老鹰'——'老鹰'是资源整合商，最重要的是要具有商业模式创新能力和整合能力。"

想当"老鹰"的梦想

2014 年的一天早上，孙敬波起床照镜子，发现镜中的自己目光呆滞，身材发福。他决定去跑步减肥，可每次没有跑多久，就感觉心脏受不了，只好停下来缓步行走。就在这个时候，他突然意识到这里面可能有一个商业机会，就是如何做好运动中对心脏的监测和保护。

他马上着手去调查，发现运动个体差异巨大，特殊人群在运动中稍有不慎就可能导致突发疾病。目前市面上缺少一个能准确获取心脏数据并深层次分析运动负荷的舒适穿戴型产品。

有多年产品研发和产业化经验的孙敬波询问中科院深圳先进院副院长吕建成，说自己想从心脏入手做运动监测产品。吕建成告诉他，中科院深圳先进院生物医学信息技术研究中心主任李烨自 2008 年就开始研究面向运动负荷的心电分析核心算法，并且还在不断完善中，核心的发明专利和实用新型专利已经取得授权。孙敬波欣喜若狂，立即去见李烨，了解到李烨也是海归学者，曾在美国亚利桑那州立大学攻读博士学位，不仅科研能力卓越，而且为人谦和。

很快，孙敬波成立阿木（深圳）新科技有限公司，专门从事运动健康数据的采集与分析，并且和中科院深圳先进院达成技术成果转移协议，即将李烨团队的技术形成产品，同时实现大批量的生产。李烨团队的科研成果走向应用，其实还有很长一段路要走，而且产品化过程中有很多棘手的难题需要攻克。比如，运动中电极在时时刻刻发生位移，如何确保连续、稳定地捕捉数据？如何将电子、材料、运动康复、医学和服装工艺结合在一起？如何针对不同年龄段和性别的人群在运动中的体征数据，计算出相对标准？

"这些难题本身就意味着壁垒。跨学科的整合是最难的，我需要把不同资源整合在一起。比如，电子学方面，是由多种芯片组成的高集成度电路板，能够对电极捕捉到的生物电信号进行分析和处理；服装工艺方面，采用高弹性专业运动布料，有助于减少运动疲劳，能够提升运动状态；运动康复学方面，能够实时监控心率、呼吸频率的变化，根据用户的锻炼阶段和目的提示用户做出调整，提高锻炼效率，防止运动损伤。"孙敬波透露跨界整合的秘诀，"我们的核心竞争力就是数据的获取和分析，算法是最核心的技术，包括医学分析。根据实时心电图的分析，我们能够捕捉到过速、过缓、早搏、漏搏、房颤等心电异常。再根据这些异常现象，我们分析异常频发、偶发的条件和规律，借以提醒使用者，防止意外发生。未来根据数据的积累和研究，预判心脏疾病在运动中的发作是完全有可能的。"

用户通过购买阿木智能运动衣，就可以获得心电采集处理器、应用程序、数据终身云端存储、随时提供分析报告等服务。未来，这项技术成果还能应用于老年心电／心率监测内衣、车载方向盘一体心电／心率测试仪、健身房 CRM^① 系统、体育运动队 CRM 系统。

孙敬波说，这个新行业是一条长长的雪道，可以在上面滚非常非常大的雪球，意味着进入智能运动衣领域就拥有做"老鹰"的机会。"我会把软件算法、电极导联材料研发、运动医学分析之外的制造生产、服装设计、营销渠道等环节都外发，而自己只做核心数据的获取、分析和商业模式的设计，这是重中之重。"

---

① 客户关系管理（customer relationship management）。

【创业心路】

创业要选择长长的雪道

孙敬波

创业的商业模式选择很多，但是很多是伪模式，一定要做好甄别工作。

创业是一个系统工程，是对一个人综合能力的长期考验。创业包括组织管理、整合资源、设计商业模式、资金管理，等等。创业者还要耐得住寂寞和孤独，因为很多困难需要依靠自己去克服。

创业首先要有眼光，这个过程就像滚一个雪球：它的雪道是 5 米长，还是 5 公里长，决定了这个雪球的寿命和体量。很短的雪道，不仅空间非常有限，而且竞争壁垒相对较低。雪道越长，市场的容量就越大，而且可扩展性就越强，就可以在上面"滚雪球"了。

有了这些好"DNA"，创业也不一定能够成功。所以，我认为，创业是对人的一个综合能力的考验。那些大学刚毕业的年轻人，由于从来没有接触过商业运营，不可能天生具备方方面面的能力，需要有一个学习积累的过程，还是等准备好了再创业吧！

【创业法则】

实现跨界整合的秘诀

优秀的创业者从来不畏惧困难。孙敬波就是这样一位创业者。在他眼里，研制智能运动衣存在许多难题，但难题本身就意味着壁垒，跨学科的整合是最难的。

孙敬波透露跨界整合的秘诀："我们的核心竞争力就是数据的获取和分析，算法是最核心的技术，包括医学分析。根据实时心电图的分析，我们能够捕捉到过速、过缓、早搏、漏搏、房颤等心电异常。再根据这些异常，我们分析异常频发、偶发的条件和规律，借以提醒使用者，防止意外发生。未来根据数据的积累和研究，预判心脏疾病在运动中的发作是完全可能的。"

孙敬波实际上说的是要抓住主要矛盾，集中精力去解决，这样才能解决其他问题。任何事情只有解决主要矛盾才能向前进，创业尤其如此。孙敬波善于抓住智能运动衣研制过程中的核心问题，通过与中科院深圳先进院的技术专家合作，全力构建产品的核心竞争力，实现了跨界整合的目标。

【人物档案】 ◉ 孙敬波

　　孙敬波，毕业于日本立教大学，先后创建深圳海默科技有限公司、深圳海天力科技有限公司、阿木（深圳）新科技有限公司。"深圳市青年科技人才协会"副会长、"广东省青年科学家协会"理事。2012 年，深圳海天力科技有限公司被评为"中国留学人员创业最具潜力百强企业"。

邓飞：为祖国锻造"黑色黄金"

碳纤维被誉为 21 世纪的"黑色黄金"，被我国列为国防航空科技发展的重点研究对象。然而，由于制备关键技术被美国、日本等发达国家长期垄断，我国碳纤维行业长期受到技术封锁、产品禁运以及价格打压。

在深圳留学生创业园，有这样一支海归团队组成的公司，将碳纳米纤维管产业化视为自己的使命，并且实现了技术突破，其研发的碳纳米纤维管不仅在性能上超越已有的高性能碳纤维，而且其制作成本远低于传统碳纤维。它就是深圳烯湾科技有限公司（简称"烯湾科技"），领军人物是其董事长、首席科学家邓飞。

两个好朋友，走到一起来了

邓飞是当之无愧的"学霸"，获得日本筑波大学材料科学与工程专业硕士学位、东京大学先端能源工学系先进纳米复合材料专业博士学位。2008 年，邓飞获得日本学术振兴会授予的优秀青年科学基金奖。这次获奖不仅肯定了他的科研成果，而且奖金丰厚，为他提供了整整两年的生活费和学费资助，让他可以安心进行科研工作。邓飞说："我从本科到硕士二年级，都是一边打工一边上学。所以，有了日本学术振兴会提供的优秀青年科学基金奖资助，我就能腾出更多时间深入地思考和研究。"

在学术方面，邓飞取得了一系列优秀成果，包括全球首次在透射电子显微镜里成功地对银原子链的力学以及电学性能进行测试，合理地用实验结果解释了金属材料的量子力学以及电学等物理性能；全球首次成功地检测了单根多壁碳纳米管与树脂之间界面的力学和导电性能，得到了学术界的高度评价。

让邓飞感到非常荣幸的是，在日本东京大学先端能源工学系先进纳米复合材料专业攻读博士学位期间，他师从日本东京大学副校长、碳复合材料领域国际知名科学家武田展雄教授。这位德高望重的材料专家不仅学术功底扎实，而且非常欣赏邓飞这个刻苦钻研的年轻人，鼓励他研究碳纳米管复合材料以及下一代碳纳米管纤维材料。在此期间，邓飞进入 JAXA^①进行项目研究合作，专注开发新一代的碳纳米管复合材料。他是迄今为止唯一拥有在 JAXA 复合材料中心研究工作经历的中国人。

令人瞩目的是，邓飞的相关研究成果获得了学术界的一致认可，曾受邀在国际复合材料大会、环太平洋复合材料大会、美日复合材料学术会，以及中日复合材料大会上做学术报告，并获得多项学术报告奖。

博士毕业后，邓飞受邀前往澳大利亚 CSIRO^②，继续碳纳米管复合材料方面的学术研究。博士后期间，邓飞师从国际权威科学家、复合材料界泰斗、美国特拉华大学复合材料中心^③创始人之一的邹祖炜教授。

① 日本宇宙航空研究开发机构（Japan Aerospace Exploration Agency）。

② 联邦科学与工业研究组织（Commonwealth Scientific and Industrial Research Organisation）。

③ 该中心成立于1974年，是美国最大的复合材料研究中心之一，是当前主流航空工业所用碳纤维增强复合材料的研发机构，有世界顶尖的研究水平和研发团队。

邓飞虽然一直在海外求学，但心底有个梦想，就是希望所学的知识能在祖国实现产业化。2012年，邓飞对高中好友章胜华说，想在美国特拉华先成立一个实验室，做碳纳米管纤维产业化实验。特拉华大学复合材料中心作为当前碳纤维材料及先进复合材料的权威研发机构，有世界顶尖的研发团队和科研技术，有机会获得坚实的技术储备。邓飞希望能带领团队实现技术突破，成果如果产业化了，就到国内来落地。

邓飞的这个想法得到了章胜华的支持。当时，章胜华刚好带领领耀东方转型做智能硬件的研发生产。他对邓飞说："虽然过去几年我在做手机方案业务上赚了点钱，但天天为客户赶货、议价，没赚到什么钱却操碎了心。于是，我就想做一种有核心技术的事业，创办一家伟大的企业，一家让外国人尊敬的中国企业。你做的碳纳米管纤维属于世界顶尖的新材料技术，我看好你！"就这样，章胜华给邓飞的实验室投资了数十万美元。

两个好朋友，以一项共同的事业——推动碳纳米管纤维产业化为目标，终于走到一起来了！

邓飞创立的位于美国特拉华的实验室，最初只有3名博士，在三年内聚集了11名博士。一支实力雄厚的技术团队聚集在邓飞的身边，夜以继日地研发，一个又一个技术难题被技术团队攻破！与邓飞同样兴奋而激动的是大洋彼岸的章胜华。

梦想锻造"黑色黄金"

"新材料中，碳纤维是重中之重，我国却一直难有大的突破，特别是不匀率高、毛丝多，力学性能也上不去，和国外产品质量差距越拉越大，无法制备航空航天结构材料。"已故的中国材料科学之父师昌绪曾如是说。

邓飞梦想锻造"黑色黄金"，打破发达国家对我国碳纤维材料的技术封锁。邓飞介绍，碳纤维是由有机固体高分子纤维在 1000 ～ 3000℃ 的高温、惰性气体环境下，高温分解、石墨化而成的含碳量 90% 以上的纤维。其力学、化学、电学等性能优异，是国

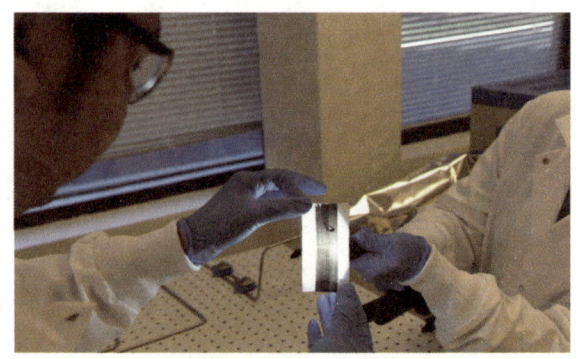

烯湾科技碳纳米管纤维薄膜样品

民经济和国防建设中不可缺少的战略性新兴材料，不仅在民用领域应用前景广阔，对于武器装备性能的提升同样贡献巨大，已被广泛用于制造航空器机体及发动机、火箭外壳等。

以航空航天用复合材料为例，随着飞行器各项功能的不断提高和石油燃料价格的不断上涨，在航空飞机的主要结构件上，碳纤维强化复合材料的比重越来越大，对材料力学性能的要求也越来越高。

在高端汽车领域，碳纤维复合材料的使用也渐成趋势。碳纤维复合材料将轻量化与高强度、高安全性相结合，可以极大地提升驾驶体验。如果将碳纤维复合材料应用扩展到普通汽车领域，可以极大地降低能源消耗，减少环境污染。

章胜华补充道："除了航空航天和汽车领域，碳纤维复合材料还可用于风力发电、燃料电池、电池及超级电容器等新能源和民用器械领域。随着下一代能源领域不断拓展，民用碳纤维的需求比重将会越来越大。"

国务院 2015 年公布的《中国制造 2025》中，将碳纤维材料作为国防航空科技的重点研究对象，并对碳纤维材料的研发生产做了战略规划。

全身心投入到产业化中去

2015年年底，邓飞从美国回到江西南昌过春节时，兴奋地告诉章胜华："实验室的研究结果显示，技术取得了重大突破，技术团队已经研发出可量产的碳纳米管纤维材料，不仅在性能上超越已有的高性能碳纤维，制备成本也将远低于传统碳纤维。"

章胜华说："这是个大项目，我们必须全身心投入到项目的产业化中去。我参与创办的领耀东方公司在新三板已经成功挂牌，我准备退出管理团队，全力去做碳纳米管纤维材料产业化的工作。"邓飞也非常赞成，并且主动提出回美国就辞去特拉华大学副教授级别的永久职务，全力投入到这项新兴的事业中去。

2016年春天，深圳烯湾科技有限公司在深圳南山区留学生创业园成立。为了尽快推动产业化进程，烯湾科技加快了融资的步伐。

2016年5月，邓飞再次奔赴深圳。这次是与章胜华一同去见松禾资本的董事长厉伟。只谈了几十分钟，厉伟就决定给予烯湾科技超千万元的风险投资。他一方面看好碳纳米管纤维这个新兴的材料产业，另一方面看

好邓飞和章胜华这对黄金搭档——邓飞在技术研发上有很强的实力，章胜华在产业化道路上经验丰富。而且，邓飞组建了一支博士研发团队，成员均毕业于国外知名院校，不仅覆盖了该项目涉及的学科和方

烯湾科技碳纳米管纤维量产项目启动仪式

向，而且拥有丰富的量产流程及自动化设备设计经验。

资金的注入，一下为烯湾科技的发展加足了马力。在邓飞的规划中，深圳将是产业化总部，在美国的特拉华实验室重点研发下一代碳纳米管纤维材料技术，在日本东京的实验室重点致力于生产设备和工艺的提升。资本注入后，烯湾科技在中国深圳、香港，美国特拉华，以及日本东京同步运营。

让邓飞引以为傲的是，烯湾科技具有两大国际领先的核心竞争力：一是开发出可在微观尺度上实现对碳纳米管关键生长参数的控制；二是开发出碳纳米管纤维非破坏性化学修饰的方法，实现了碳纳米管纤维性能的显著提升——目前全世界只有烯湾科技能够实现这样的技术。值得关注的是，由烯湾科技自主研发设计的自动化生产系统和核心检测设备也具有领先优势，为规模化量产奠定了基础。

2017年5月，烯湾科技启动了A轮融资，上海博将资本领投，一共4家投资机构注资5000万元。这时的烯湾科技估值已经达到7亿元。邓飞透露，融资主要用于碳纳米管纤维及复合材料重点实验室及中试生产线的建设和美国、日本的研发团队及深圳二次应用开发团队的扩充。

《2015～2020年中国碳纤维行业市场竞争趋势及投资战略分析报告》指出，预计到2020年，国内碳纤维的需求量将达到2.6万吨，年均增长率约为18.8%。2020年，我国碳纤维产业的市场规模将达到128亿美元。按照邓飞的设想，"凡是需要碳纤维应用的领域，碳纳米管纤维都能够以更好的性能、更低的成本完成替代"。

除了投资者看好烯湾科技，深圳市科技主管部门也非常支持这个有梦想、有实力的创业团队——2017年，深圳市有关部门给予烯湾科技3000万元资助。

邓飞说："这是一个非常超前的项目，我们选择深圳做产业化真是应了天时、地利、人和。我与深圳的政府部门人员、投资人打交道时，感觉他们做事效率高，非常务实，而且，我常常会热血沸腾。说深圳'是一片可以让全球最尖端项目落户产业化的沃土'，真是名副其实！"

章胜华介绍，2017年年底吨级中试生产线投产，2018年预计可实现3000万元销售额。烯湾科技已经有4项可公开产品和技术提交了发明专利，还有多项技术和产品正在准备专利申请，预计未来三至五年将产生近百项核心专利。

尽管在外界看来，邓飞的目标颇为激进，但邓飞和章胜华却有着足够的信心。

【创业心路】

民族情怀让我孜孜以求

邓飞

我曾追随复合材料领域的权威专家的足迹，到日本、澳大利亚、美国等地求学，潜心研究碳纳米管纤维材料多年。回顾走过的路，支撑我一直坚持的动力是深藏于心的民族情怀。

我出生在一个知识分子的家庭，虽然是在日本长大，但父母从小就灌输给我身为中国人的民族大义。当我读大学的时候，发现身为中国人，我被禁止触碰"碳纤维"的课题研究。这让我的民族情感受到很大伤害。我常常自问：为何我就不能将碳纤维材料产业化呢？可以说，从研究生阶段起，这颗种子就在我心底生根发芽。

后来，我读博士，师从东京大学副校长武田展雄教授。他非常器重我，并给我指出一个前沿的研究方向，就是下一代碳纳米管纤维材料。我把所有的精力都放在碳纳米管纤维材料的研发上。在此期间，我进入 JAXA 进行项目研究合作，专注开发新一代的碳纳米管复合材料。我也是迄今为止唯一拥有在 JAXA 研究工作经历的中国人。

创业是一条非常艰难的道路，但有了一颗产业报国的赤子心，再难的道路也会坚持走下去。中国一定要尽早打通自己的碳纳米管纤维材料产业化之路，才能突破发达国家的技术封锁。

【创业法则】

创业需要好搭档

邓飞与章胜华是黄金搭档。邓飞由衷地说："我非常幸运，能与章胜华一道结伴创业。他非常接地气，有丰富的创业经验，明白一项技术成果成功产业化如何从'0～1'走到'1～N'阶段。这类实际操作的产业化经验极其珍贵，可以降低我们新创办企业的死亡率。"

一个人包打天下的时代早已经过去，创业需要好搭档，只有这样才能形成合力一起去打拼。科学家创业，容易忽视管理和陷入技术自负，而有产业化经验丰富的搭档作为核心团队成员，正好可以弥补其短板。因此，建立一支志同道合、优势互补的团队是创业成功的关键。

【人物档案】　📍　邓飞

　　邓飞，博士，毕业于日本东京大学，深圳烯湾科技有限公司创始人、董事长。曾获得日本留学生最高奖学金以及由日本学术振兴会授予的优秀青年科学基金奖，并获得优秀青年海外派遣基金支持。曾任美国特拉华大学副教授，现任特拉华大学兼职教授。在碳纳米管及其复合材料领域有着极其深厚的研究和技术背景，著有相关著作两本，并在该领域一流期刊上发表专业文章近 20 篇、各类会议论文等近 50 篇。

【人物档案】 📍 章胜华

章胜华，毕业于南昌航空大学，深圳烯湾科技有限公司董事总经理、联合创始人。在公司生产、运营、项目管理、研发管理及企业战略规划、企业投融资等方面有丰富的经验，同时在通信、物联网等领域有着多次成功的创业经历。主要负责公司发展战略规划、公司运营及商务拓展等方面的工作。

费璟昊：推动脊柱健康的远程医疗产业化

一位拥有中科院计算机应用专业博士学位、美国卡耐基－梅隆大学访问学者的留洋经历、曾任湖南省科技厅厅长助理的高知，竟然选择下海创业。他身边的亲友觉得他过于任性和疯狂，他却义无反顾地大步前行。他就是中国科学院湖南技术转移中心原主任、现北京斯邦医疗科技有限公司（简称"斯邦医疗"）总裁费璟昊。

费璟昊选择的创业方向是将张吉林教授发明的三维正脊技术产业化。他发自肺腑地说："这是能为人类带来巨大好处的技术，但是张教授年事已高，且一直从事医疗方面的研究，缺乏市场推广经验，因而需要团队为其提供强大的支撑，才有可能在互联网环境下让这项技术得到更好的推广，造福更多的患者。"

三维正脊疗法

张吉林教授经过多年的临床医疗实践与观察研究，突破了传统观念，率先提出了独特的"椎间病"[①] 概念。他认为，椎间盘突出、骨质增生、继发性椎管狭窄等非椎间病的本质，是椎间软组织损伤后的表现及机体为适应内外环境变化而出现的保护性代偿反应，受损伤的是椎间盘、肌肉、神经、血管等，主要表现是"筋出槽""骨错缝"。通俗地说，就是"别扭"。它破坏了脊柱椎骨间的平衡，影响了软组织的代谢和正常功能，特别是脊神经根受到牵拉，挤压损伤时出现一系列与之相关的症状。病变的关键找到了，治疗就有了办法。治疗的关键不是去除椎间盘突出物，也不是消除骨质增生和扩大椎管，而是摆正脊椎骨的位置——纠正椎间三维方向的偏移，理顺上下椎骨间软组织的紊乱关系。通俗地说，就是纠正"别扭"，使之回归自然状态。根据这一新理论，张吉林教授结合现代机电一体化技术，发明了三维正脊仪，首创了三维正脊疗法。

费璟昊介绍，三维正脊仪和三维正脊技术于 2000 年通过了由卫生部和国家中医药管理局组织的专家鉴定。三维正脊仪于 2004 年取得中华人民共和国医疗器械注册证，同年被列为卫生部"十年百项计划"推广项目；2005 年被国家中医药管理局列为"国家中医药科技成果"重点推广项目，同时获得美、英、法、德、意、日、俄等多国的发明专利权。

远程医疗产业化

2005 年，费璟昊通过同事认识张吉林教授。费璟昊曾经接触过各种治疗腰椎、颈椎病的方法，但是自从接触到三维正脊技术后，他认为这是一项可以治愈腰椎病的先进技术，于是开始与张吉林教授进行深度合作。但是由于一直忙于公务，费璟昊没时间参与管理公司事务，直到 2016 年

[①]　脊柱超限度运动和超负荷承载等不良力学行为以及受寒凉等物理因素导致椎骨间相对位置的改变，合并椎骨间软组织损伤引起的一系列病症统称为"椎间病"。

春天才辞职并正式担任北京斯邦医疗科技有限公司总裁。

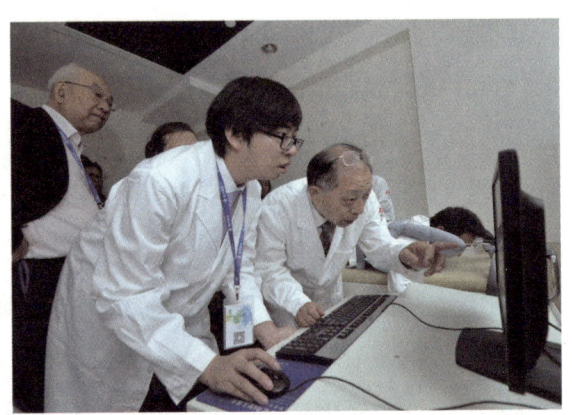

张吉林教授（右一）在为患者治疗

三维正脊技术已经存在二十多年了，虽然产业化开始较早，但是前期遇到了各种挫折，导致推广缓慢，效果不明显。费璟昊分析，20 世纪 90 年代，三维正脊技术需要医生手动输入治疗参数，而这些参数要依靠医生的经验，在前期要对医生进行培训。但是培训结束后，就可能遭到医生与生产厂商联合的侵权，也会因医生的技术、情感或利益等问题导致治疗效果差异巨大。而在互联网技术高速发展的今天，将三维正脊技术与互联网技术完美结合，在大数据的支持下进行精准治疗，是现代化医疗的手段，侵权行为将很难发生。

费璟昊说："我们处在一个'浓缩的'科技发展时代，如果跟不上发展步伐，很多技术都会被淘汰。在互联网与大数据的时代，医学尤其是中医学如何'＋互联网'将成为现在医学的研究问题之一。我们可以利用大数据建立'椎间病'的病因、病理的因果关联，以聚类分析、拓扑重构等量化分析方法完成三维正脊技术的数字化、智能化和系统化。我们现在已经完成了基于互联网进行脊柱相关疾病远程物理治疗的'去专家化'系统，建立了一套基于大数据模型的治疗参数生成方法。这套系统有望成为国际上最领先的远程物理治疗系统。"

费璟昊介绍说，斯邦医疗最新发明的三维正脊机器人已申请了中国专利和 PCT^① 专利。目前，斯邦医疗已经研制出利用互联网进行远程会诊和远程医疗的智能正脊机器人。

大数据与医疗改革

北京市卫生计生委（卫生和计划生育委员会）医改办常务副主任高星曾在谈论医疗改革时，指出健康的公平性和可及性问题。改革是解决公平性，只有资源配置的均等化和可及性才能解决不公平问题。现在医疗行业还存在各种不公平现象，可及性较差，解决该类问题迫在眉睫。他表示，三维正脊方法与技术，背后有大数据做支撑，将来患者看病，就可以把不同的病情输入系统，进行整理与分析，得出不同的治疗方案。他期待通过大数据来治疗不同的疾病，这对医疗改革十分有利，对高技术的推广与应用也有一定的促进作用，让大家获得不一样的体验。

费璟昊信心十足地说，斯邦医疗有望成为世界上第一家基于互联网治疗脊椎病的公司，而且将一直致力于普适医疗工作。"随着现代生活方式的改变，'低头族'越来越多，脊椎病发病率一路攀升。我们的最终目的是希望治疗费用能够让所有腰椎病、颈椎病患者都能接受，让更多患者从三维正脊疗法中得到有效治疗。"

---

① PCT 即 Patent Cooperation Treaty 的英文缩写，是有关专利的国际条约。

【创业心路】

创业最难之处在于组建团队

费璟昊

创业最难之处在于组建团队。在创业初期，能一直跟随公司共同发展的人并不多。我认为成功组建创业团队的关键在于立心、做人和诚信。

北宋大儒张载曾说："为天地立心，为生民立命，为往圣继绝学，为万世开太平。"立心是我一直以来选择事业方向的准绳，做人则是办好事的关键。因此在创业之前，我积累了较广的人脉，朋友较多。听说我在创业，朋友们都积极主动与我合作，帮我减轻了创业路上的各种压力。另外，诚信相当重要，诚以聚众，信以和众。自创业以来，在众多朋友的帮助下，我们不断地克服各种困难，创业的道路也越走越宽，让我越来越有信心。

【创业法则】

转型创业者要过两道"坎"

费璟昊是从科研院所单位下海创业的，他真诚地说："高学历知识分子转型为创业者要过两道'坎'——面子的'坎'和里子的'坎'。从受人敬仰、众星捧月的政府官员或学者转变为一名创业者，要跨过面子上的'坎'。而心理障碍，则是里子的'坎'。但是由于性格原因，加上中国科学院这个平台曾给过我太多的历练机会，因此在这个角色转换的过程中，我很容易跨过了两道'坎'，一心只想着踏踏实实做事，为社会多做实实在在的贡献。"

成为创业者，等于踏上从零起步的全新旅途，过去的身份和业绩都成为历史。如果不能忘掉过去的辉煌，不能转换好角色，那么创业的道路可能会不顺畅。

【人物档案】 📍 费璟昊

  费璟昊，博士，湘潭大学教授，新西兰奥克兰理工大学联合博士生导师，北京斯邦医疗科技有限公司联合创始人、总裁。曾为中国科学院计算技术研究所及中国科学院深圳先进技术研究院双聘副研究员，美国卡耐基－梅隆大学访问学者。曾任湖南省科技厅厅长助理、中国科学院湖南技术转移中心主任、世界中医药协会信息化专委理事。曾获评"2012年湘商十大推动力人物"。曾作为"中国·新西兰青年科学家交流计划"中国青年学者代表出访新西兰。

张晓军：为祖国新材料发展助力

张晓军长着一副娃娃脸，显得年轻而略带羞涩，有着科研人员的严谨性格。他拥有加州大学伯克利分校机械工程系博士学位，曾任美国西部数据公司材料研发首席工程师。

2016 年，张晓军决定回国创业，首选之地是深圳。2016 年年底，深圳市矩阵多元科技有限公司（简称"矩阵多元"）正式成立，张晓军用自己的专利技术为祖国新材料发展助力的梦想也正式启航。

做事情要坚持，要保持耐心

张晓军回忆起 2006 年刚去美国加州大学伯克利分校时，导师问他的第一句话："你以前是学习材料专业的，那么，从材料系转到机械系，有没有顾虑呢？"

张晓军曾就读南京大学材料工程系，所以当他要参加美国加州大学伯克利分校的机械系博士资格考试时，压力非常大，而且他听说机械系学生的博士资格考试通过率只有 50%。他自学了机械系的教材三个月，最终在博士资格考试的时候，三门课程一次性通过，给导师留下了很好的印象。

正因为这样，导师给了他一个课题，用以前的设备开发新材料。这个课题是美国材料基因工程的一小部分。

2011 年，奥巴马宣布启动"先进制造业伙伴计划"（AMP），当年即投资超过 1 亿美元用于材料基因组计划，目标是把新材料研发周期减半，降低成本，以加速美国在清洁能源、国家安全、人类健康与福祉，以及下一代劳动力培养等方面的进步，加强美国的国际竞争力。

张晓军意识到这个课题非常重要，于是准备投入极大精力去钻研新材料制备技术。他说："伯克利分校的求学经历让我学会做事情要坚持，要保持耐心，伯克利分校著名教授尤金·哈勒（Eugene E.Haller）用五十年时间专门研究锗这种半导体材料。在全世界，他提取的锗纯度最高。所以，做研究要耐得住寂寞，要坚持到最后。"

在加州大学伯克利分校，张晓军了解到被称为"高通量制备检测"的技术，当时在市场上有两种技术路线：一是传统组合法，通过掩膜形成沉积生成，不仅成本高，而且不能高温合成，过程复杂，会导致制备的材料质量较差，测试困难；二是喷墨打印法，但这种方法只适用于液体材料，且制备出的材料多掺有杂质。张晓军刻苦钻研，发现了第三种技术路线，即多元脉冲激光沉积法，将物质用激光气化之后在基片上形成薄膜，可使物质在原子级别融合。

"简单地说，之前的高通量制备方法只是做到了'快'，而多元脉冲激光沉积法真正做到了'又快又好'，具有周期短、系统化的优点，适合规模化研究，能进行精准的材料性能优

矩阵多元深圳实验室

化。"张晓军说，"正因为质量稳定，才可以做到规模化的材料合成与研发，因此具备产业化运用的条件。"

材料创新之难

当前，我国降低核心关键材料的对外依存度的紧迫性越来越凸显。已故的著名材料科学家和战略科学家、国家最高科学技术奖获得者师昌绪院士2013年曾估计，根据有关资料，我国关键新材料的自给率只有14%。

许多新兴产业都是材料密集型产业，如光伏、锂电、车辆和风机叶片的轻质合金、燃料电池隔膜等，所有这些都要用先进材料。然而，我国在新材料领域的核心竞争力堪忧：急需的新材料找不到，能找到的又做不出，做得出的又做不好。这主要是因为我国的材料科技工业起步较晚，虽经多年攻关，但在整体水平上与先进国家仍有差距，从而制约着诸多重大战略领域的发展。迅速提升我国在材料领域的核心科技水平和工业制造能力，是材料产业发展的内在需求。

为什么材料创新如此之难

张晓军说，材料创新之难，在于其巨大的试错成本。现阶段材料研发大致是从实验室研发到产品这样一种直线型的模式，周期很长。据统计，现在一种材料从研究开发到形成商用产品，平均周期是十八年。

"正因为材料研发投入大、周期长、取得投资回报的概率低，所以许多公司在这一方面不敢投入太多时间和精力。"张晓军说。

科技报国梦

张晓军先后在全球最大的半导体设备公司——应用材料公司和西部数

据公司工作，从事材料研发工作。虽然在国外大企业工作有很高的薪酬，但是他希望把在美国所学、所用的材料基因组技术带回国内，通过自主研发高端材料研制设备，为国内的学术界、企业界提供研制材料的全新方式，成百倍地提升效率，将原有的研制成本大大降低。

目前，欧美先进国家从国家战略层面已启动了被誉为当代"阿波罗计划"的"材料基因组工程"，意图以全新方法论，整合制备"实验工具、大数据、算法"等最新技术，从根本上促进材料领域实现突破性发展。

张晓军攀登美国硅谷使命峰

"人类基因中的DNA①和RNA②的排序决定人体的主要机能性状。与此类似，原子的性质和排列，包括晶体结构和缺陷决定了材料的内在性能。"张晓军说，"人类基因组计划是建立DNA和RNA的排序和人体机能性状之间的关系，材料基因组计划是寻找和建立材料从原子排列到相的形成，到显微组织的形成，到材料宏观性能与使用寿命之间的相互关系。打一个比喻：传统的材料研发方式好比钓鱼，一次钓一条；材料基因组计划好比打鱼，一次捕一网。"

身在美国的张晓军一直关注国内材料产业的发展。他了解到，国内提出了《中国制造2025》，实施制造强国战略，开始"材料基因工程关键技

① 脱氧核糖核酸。

② 核糖核酸。

术与支撑平台"等国家重点研发计划的部署，而且各级政府部门正加大国际人才招引力度，在国际上寻找和引进具有新思想新理念、掌握新模式新方法的世界尖端人才团队，力争在新一轮新材料科技革命和产业变革中重塑国际产业分工格局。

落地深圳，规划美好蓝图

张晓军与其团队于 2013 ~ 2014 年在美国硅谷开始高通量材料制备平台的研发，目前已在硅谷完成了基于脉冲激光沉积技术的高通量材料制备，制备平台的性能已超过当前国际通用技术的 100 倍，可大大缩短新材料研发周期、降低研发成本、加速新材料的研发及应用，对满足国家材料基因工程的战略需求和产业化具备重要战略意义，团队掌握的国际最前沿技术已达到世界领先水平。

该项目目前已在美国、中国申请了发明专利。张晓军与其团队计划利用材料高通量制备技术平台，为超导材料、陶瓷材料、功能薄膜材料及合金材料等垂直领域提供研发、定制、检测、放大、中试、工艺建模等系列产品和服务。

一切准备工作就绪，张晓军踏上归国之路。他放弃了在世界 500 强企业的研究员的工作，回到中国，来到深圳，开始科技报国的征程。他给自己的公司取名"矩阵"，是因为他们能够在一个基板上对不同组分的材料进行批量化的制备和检测，正如矩阵般形成阵列，而这也是材料基因组计划中最为关键的技术之一。

鉴于该项目对国家推进材料基因工程有重大意义，为争取此项目回国落地，北京市政府于 2016 年 5 月专门组织了以副市长为领队的考察团，前往劳伦斯伯克利国家实验室，对此项目的技术、产业化应用进行考察，并对其可行性以及筹建方案进行了评估与安排。

深圳市有关部门负责人对该项目也十分重视，一路开绿灯，帮助引荐了早期投资者，并派政府官员陪同考察。松禾资本一直积极在国际上寻找引进具备材料研发新思想新理念的项目，2015 年发现该项目之后，及时推进，最终抢得先机，成功地将其引入深圳并落地。

2016 年 8 月 4 日，该项目核心团队成员回国，实验室设于深圳通产新材料产业园，占地面积近 500 平方米。据张晓军介绍，公司正在搭建世界上第一套基于多羽辉脉冲激光沉积技术的高通量材料基因研发平台。

矩阵多元团队将在深圳首先开展有关产业化应用、明确业务方向的探索，根据具体企业客户的产业需求以及国家材料基因组工程项目立项情况，推进研发平台在各个领域的应用，探索商业模式。

张晓军规划着矩阵多元的美好蓝图：未来一至三年内，预期在硅谷、北京、深圳三地形成一个整合"源头创新资源、对接国家材料基因组工程需求、对接产业化应用需求"的运营体系。

【创业心路】

创业就像爬山

张晓军

之前在硅谷工作的时候，我就养成了经常爬山的习惯。硅谷的最高峰使命峰（Mission Peak）我几乎每周都爬。爬山增强了我的身体素质，更锻炼了我的毅力。使命峰和很多山峰一样，它让人感觉近在眼前，但是要真正爬到山顶却没有想象的那么容易。在大山里面，由于山路曲折起伏，经常看不到山的最高峰。

就像爬山一样，创业途中也会有很多的曲折和不如意，所以要有足够的思想准备，切勿轻易开始。但遇到困难也勿轻易放弃，往往遇到困难的时候才是体现创业者价值的好机会。

端正心态，享受克服困难解决问题的创业历程。克服了困难，机会往往接踵而来。我非常遗憾地看到，有的创业者匆匆做了决定，选择了创业这条路，却因为一时的困难而草率放弃。这些创业者中有很多是我们的朋友，他们当中的很多人资质都非常好，但是心态不够好，最终没有等到成功的那一天。

【创业法则】

瞄准市场需求，紧跟时代步伐

　　张晓军在美国高校、企业做过多年的研发工作，知道技术型创业者容易掉进技术的陷阱里，只知埋头做研究，根本不了解市场的需求。他认为研发一定要瞄准市场的需求，做用户需要的技术和产品，这才是有意义的创新。

　　技术型创业者尤其要关注市场需求，研发应该跟在市场需求后面走。如果没有市场需求的牵引，即使企业拥有再先进的技术，也很难生存下去。

　　技术除了要紧跟市场需求以外，还要紧跟时代步伐。随着自动化和智能化技术的不断成熟，目前材料行业标准化、自动化、规模化、智能化是发展大势。矩阵多元的高通量材料研发平台正是在这样的前提下诞生的。

【人物档案】 ♀ 张晓军

　　张晓军，博士，深圳市矩阵多元科技有限公司董事长、首席科学家。曾经在多家世界著名大学、国家实验室、公司从事材料研究，曾任美国西部数据材料研发首席工程师。目前在材料领域发表了学术文章 20 多篇，拥有 7 项美国专利和 1 项中国专利。

陈功：让康复机器人造福人类

深圳南山区一栋绿树掩映的大厦里，有一家不起眼的初创企业——深圳市迈步机器人科技有限公司（简称"迈步机器人"）。在临窗的座位上，坐着企业的三位创始人——新加坡国立大学生物医学工程系博士陈功，日本早稻田大学生命理工学博士叶晶，有多年机器人行业销售经验的胡峰。如此优秀的三位年轻人，是为了一个什么样的共同目标而走到一起来的呢？

用科技帮助弱势群体

陈功是迈步机器人的 CEO。他说："公司成立于 2016 年 9 月，是一家由海外归国博士团队创立的医疗康复机器人科技公司，主要专注于研发用于中风患者步态康复的下肢外骨骼机器人，以及其他医疗康复机器人和技术。"

在新加坡国立大学读博士期间，陈功了解到，得益于机器人技术的快速发展，机器人被引入中风康复领域，并迅速成为国际研究热点。近年来，世界各地的大学研发了多个康复机器人原型机，积极探索机器人在康复训练中的应用，希望借此来减轻甚至接替康复医师的繁重工作。少数机器人已经成功商品化，比如美国埃克索仿生公司（Ekso Bionics）生产的机器人埃克索（Ekso）、日本生化人公司（Cyberdyne）生产的混合辅助肢体外骨骼机器人等。他进一步调查发现，在我国还没有相应的产品，仅有的几家公司目前处在起步阶段，比如北京大艾、成都布法罗、上海傅利叶、杭州尖叫科技等。

陈功说："我在学校读博士的时候，认识了日本早稻田大学生命理工学博士叶晶。他到新加坡国立大学从事博士后研究时，我跟他说起想回国创业的想法。他非常赞成，认为当前康复机器人技术发展得越来越成熟，可以进行产业化了，而且用科技帮助弱势群体，包括那些行动不便的老年人和残疾人，非常有意义。"叶晶是一名非常喜欢体育运动的青年，曾获得早稻田大学体育运动会三人皮划艇团体赛冠军。他认为，创业过程中同样需要宝贵的体育精神，也就是团结合作力量大，因此他主动提出加盟陈功的创业团队。这给了陈功归国创业巨大的信心。

扎根深圳创业

"我是浙江人，在上海交通大学读的本科，所以我回国创业首选之地是华东地区。我先去杭州和上海考察创业环境，再到深圳看看，没想到这一看就决定留在深圳了。"陈功微笑着说。

"2015 年 12 月的一天，我沿着深南大道，从迈瑞大厦一直走到腾讯大厦，一路看到很多行色匆匆的年轻人，这让我感受到这是一座充满激情和梦幻的城市。我再向朋友深入打听，知道深圳的医疗器械产业和机器人产业都很发达，电子信息产业链配套齐备，还有政府给予海外高端人才的扶持政策力度大，政府服务效率高。于是，我当即就决定留下来，扎根深圳创业。2016年9月，我在南山区北斗＋众创空间注册成立了迈步机器人，当时才3个人，租用了6个卡座和一间10平方米的小房间。2017年1月，我们就搬到了留学生创业园，租用了180平方米的办公室，队伍也扩大到了20人。为了支持我创业，我妻子从新加坡国立大学博士毕业后，直接选择到南方科技大学就职。"

今天看来，陈功对深圳这座移民城市的期许是值得的。他在2017年5月顺利获得深圳市有关部门的资助。更令他骄傲的是，创业不到一年，凭借出色的技术创新，迈步机器人团队获得了一系列荣誉："创新南山"创业大赛初创团队三等奖，2016年"春晖杯"优胜奖、"观致杯"最具创新奖。

第一桶金

虽然刚走出校门，陈功就迈上创业的道路，但他是非常幸运的，不仅有很投缘的伙伴一起肩并肩战斗，而且还获得了上市公司的技术开发订单，投资商也向他抛来了"绣球"。

根据分工，陈功负责公司战略和技术，叶晶负责技术开发和内部管理，拥有丰富销售经验的胡峰主管公司运营和产品营销。这个年轻的团队稳打稳扎，在创业道路上几乎一路绿灯。

"我们自主研发的柔性驱动器的核心技术同样可以应用于机械臂、服务机器人等产品。深圳一家上市企业了解到我们的技术优势后，2017年1月给我们下了第一个订单，就是双方合作开发医用机械臂。这是我们公司成立后的第一桶金。"陈功自豪地说，"这个订单证明我们的技术是有优势的，也是有市场的，很快就有投资商找上门来洽谈合作事宜。"

2017年3月的一天，联想创投集团投资经理来到迈步机器人，观看陈功团队的路演。陈功给他们介绍了用于中风患者步态康复训练的新型可穿戴式下肢外骨骼机器人的开发目标和意义。他着重介绍道："这个项目在多个方面具有重大意义。首先，外骨骼机器人广泛应用于康复医院，弥补了专业人才的不足，可以为更多的患者提供康复训练，降低医疗开支和康复训练的成本，有利于整个社会的发展。其次，康复机器人可以为病患提供高质量、长时间的步态康复训练，随时监控患者的状态，并据此提供合适的康复训练策略。再次，此机器人可以在病人的日常生活中使用，以提供日常康复训练，或者作为行走辅助设备帮助患者完成必需的活动。最后，通过此项目，更多的机器人可以深入人们的日常生活中，应用于更广泛的人群，比如老人或其他特殊人群。外骨骼技术可以增强此类人群的独立性，提高其生活质量，减少看护所需投入的人力物力。"

这样一支有实力的年轻海归创业团队，面对的又是这样一个"科技助行"康复医疗的朝阳产业，这一切深深打动了投资经理，让联想创投集团很快做出了投资的决定。2017 年 4 月，联想创投集团领投、北京泰有投资公司跟投，为迈步机器人联合注资 500 万元。

"医疗设备行业技术门槛高，开发周期长，产品还要经过送检、临床实验、申请医疗器械注册证等多个环节，我们的产品计划 2018 年年底推向市场。"陈功沉稳而乐观地说："我们是创业路上的新兵，但我们面对的是巨大的蓝海。我们希望，通过智能化的机器人技术，缓解我国康复专业人才严重不足的局势，帮助更多需要步态康复训练的残障人士，以应对我国加速到来的老龄化社会。而且，人机交互技术具有非常广阔的应用空间，未来机器人产品都需要这项技术。所以，我们才刚刚迈出了一小步，未来还要更积极地加大研发投入，以应对康复医疗机器人领域日新月异的挑战。"

【创业心路】

要做有意义的事情

陈功

我们看到越来越多的老年人、残障人士迫切需要康复外骨骼机器人，而我们的技术有可能给他们的生活带来便利。我觉得这个工作非常有意义，所以博士一毕业就选择这个方向创业。

我们选择的产品本身非常有意义，而且技术门槛非常高，所以我想在这个领域做出一番事业。如果我们用柔性驱动技术、人机交互技术把机器人的性能做得精确而稳定，那么服务机器人走进千家万户将会成为可能。我很自豪的是，在年轻的时候就能选择正确的方向创业，做正确的事情，而且既得到家人的理解和支持，也得到了深圳市政府的支持。

【创业法则】

创业者一定要有务实精神

资金是企业的生命线。因此，创业者一定要具有务实精神，在企业的运营过程中，要将资金花在该花的地方。

迈步机器人成立之初，公司运营的资金全部来自三位创始人，在开支方面会尽可能精打细算。首先，三位创始人只拿象征性的工资，这可以节约一大笔支出，这种状况一直持续到半年后公司完成天使轮融资。其次，公司申请到位于南山区留学生创业大厦内的场地，租金相比周边便宜近70%，在装修方面也尽可能减少投入。最后，在研发过程中，负责人会组织研发评审，仔细确定方案，最大限度避免因设计失误造成的浪费。项目负责人还会仔细审核需要购买的工具、设备及零部件，并向供应商压价，避免浪费。

正如陈功所言，节约开支是一个需要长期把控的过程，公司的每一个人都要学会避免浪费，共同减少开支。

【人物档案】 📍 陈功

　　陈功，深圳市迈步机器人科技有限公司总经理，新加坡国立大学生物医学工程系博士及博士后，研究方向包括康复外骨骼机器人控制、柔性驱动器、人机交互控制、可穿戴式下肢外骨骼机器人系统。在国际顶级期刊上发表学术论文十余篇，国际学术会议论文十余篇。

【人物档案】　📍　叶晶

　　叶晶，深圳市迈步机器人科技有限公司技术总监，日本早稻田大学生命理工学博士，新加坡国立大学生物医学工程系博士后，主要研究开发针对脑中风患者的新型康复与移动机器人系统。发表国际学术论文近 20 篇。

【人物档案】 ♀   胡峰

　　胡峰，深圳市迈步机器人科技有限公司首席运营官，毕业于南昌航空大学工商管理专业。中国 RFC（机器人创始人联盟）成员，曾参与制作 WXS 人形机器人并成功上市销售。

王文昭：带着农村水安全梦想走进 APEC

2016 年 11 月 14 日至 20 日，亚太经合组织（APEC）领导人峰会在秘鲁首都利马召开。"高质量增长与人类发展"是此次峰会的主题，"聚焦可持续发展"则作为一个分论坛格外受到重视。作为 NOVO 青年创新者大赛及 APEC 未来之声中国区选拔赛总决赛一等奖获得者，福瑞莱环保科技（深圳）有限公司（简称"福瑞莱环保"）CEO 王文昭受邀参加了其中多个活动。

关于这次经历，王文昭说："立足全球视野，寻找差距，快速成长，福瑞莱环保会顺应时代的需求，乘风破浪，为平等、发展、可持续增长贡献力量。"

日常喝的水有问题！

2012 年年初，王文昭从日本宇都宫大学博士毕业，随后在美国宾夕法尼亚州立大学继续从事博士后研究。2015 年回国后，先是加入中科院深圳先进院，后创办福瑞莱环保科技（深圳）有限公司，成为一名深圳创客。

是什么原因让海归博士王文昭把目光瞄向中国农村的水安全问题，并走上创业之路呢？

2015 年 1 月，王文昭如往年一样回到位于河南农村的老家。父母居住的一栋两层楼房里，通着暖气，舒适宜人。有一天，王文昭无意中发现，放在电暖器上的水槽蒸干了，上面所留下的沉积物让他傻了眼。他没想到，自己的父母、亲人、父老乡亲一直在饮用这样的水！他再也坐不住了。

春节后，王文昭随即对中国农村水污染问题、国家治理战略、现有市场需求做了翔实的调查。触目惊心的数据、市场现有产品与需求之间的巨大沟壑、政府治理农村污染的决心让王文昭产生了危机感，也嗅到了巨大的商业机会。

他辞去中科院的工作，与两位紧密合作的伙伴——美国佛罗里达大学博士徐期勇、曼彻斯特大学博士邓立波，一起发起成立福瑞莱环保科技（深圳）有限公司，并基于自身在低压超滤技术与微生物系统构建技术方面的独特优势，致力于高效智能水处理设备的研发与技术服务。

必须先行一步

在日本留学期间，王文昭师从日本著名微生物学家、化学家池田宰。池田教授一直非常推崇产、学、研、政的深度交叉合作，共同推动和解决重大社会问题，并在日本取得了非常重要的成就。池田教授所强调的用科学技术解决重大社会问题，为王文昭日后选择创业方向埋下了种子。用王文昭自己的话来说，就是"加速推进让技术改变大众生活应是每个科学家的不懈追求"。

王文昭说，在日本学习期间，他对如何运用前沿技术解决现实问题以及日本匠人那种为满足需求的每一个细节而不遗余力的精神深有体会。由此，他对从微生物社会学的角度，打开水处理核心生物反应池"黑盒子"，大幅提高微生物工作效率的工作非常着迷。在日本科学技术振兴机构和日本农研机构的支持下，他对如何利用微生物群体结构调整来控制微生物群落的外在功能及其在水处理中的应用展开了深入研究，并取得了丰硕成果，获得了日本文部科学省的全额奖学金。毕业后，为了进一步提高微生物调控精度和自由度，王文昭赴宾夕法尼亚州立大学生物膜工学实验室继续研究基于微生物群落的三维调控的立体智能生物反应器。

经过无数次的验证和改进，王文昭感觉到是时候把微生物系统构建和结构调控技术推出实验室，走向社会了。为了进一步促进技术在工程上的成熟和与中国实际需求接轨，王文昭毅然回国，加入中国科学院深圳先进技术研究院，并与首尔大学李钟鹤教授、美国注册环保工程师徐期勇，以及膜材料专家邓立波展开通力合作，共同开发了膜污染生物防治技术，用于高浓度难处理废水。

作为两个孩子的父亲，王文昭有着沉重的家庭负担。但从未踏入商界的他毅然辞去公职，选择创业。他说："巨大的农村水安全保障市场就摆在那儿，我必须先行一步！"

从源头消除污染

王文昭说："由于城乡发展不平衡，农村饮用水安全工程与配套设施建设还很欠缺，民众直接饮用未经过净化的地表水、地下水，有很大的安全隐患。有的家庭甚至因水致病，因病致穷。目前市场上的污水处理设备要么太贵，要么处理污水的效果不佳。总体来说，适合农村饮用水治理的产品还很缺乏。"

王文昭介绍，从专业角度来说，农村水安全包含饮用水安全和排水安全。其中，饮用水的水量安全已经基本得到解决，但水质安全问题由于情况复杂、缺乏适合产品、农民自身重视程度不够、居住比较分散、经济条件限制等现实情况，一直未得到改善。更为严重的是农村排水安全问题。农村的污水几乎全部未经过处理，任意排放，不仅造成农村黑臭遍地，而且严重破坏流域水环境。农村排水不达标排放会对饮用水水源造成直接污染，危害人体健康。

针对这样的情况，王文昭建议把饮用水安全和排水安全统一起来解决，逻辑很简单：从源头消除污染，不但能够充分保障终端净水安全，还能大幅削减净化成本，形成良性循环。

王文昭说，科学技术的市场采纳和推广，取决于科技是否能以更低的成本满足社会需求。鉴于中国农村居民居住分散的特点，如果要从源头上解决饮水安全问题，必定会选择管理简单、运营成本低的分散式处理方案。道理很简单，如果建立集中排放的生活污水处理方案，需要挨家挨户铺设管道，把分散的家庭排水管道连接起来并统一排放，这很不现实，而且铺设管网成本高，集中排放处理管理困难，难以长期维护。

因此，福瑞莱环保自主研发的 FL-IWS-01 水安全保障系统，很好地将排水安全与饮用水安全结合起来，一方面建设排水保障系统，另一方面可以让没有架设自来水管的偏远山区也能实现饮水净化处理（传统净水设备需要自来水产生高压才能进行净化处理）。

王文昭相信，把饮用水安全和排水安全统一起来解决的方案，不仅适合中国农村的现实需求，而且将在东南亚和其他存在大量贫民窟、常年遭遇城市内涝的地区具有十分广泛的运用前景。王文昭在 APEC 讨论小组上介绍一户式饮水安全方案后，吸引了菲律宾等诸多国家代表的关注，纷纷找他表达合作的意向。

初试牛刀

王文昭（左六）与团队成员在一起

2015 年 7 月，一家香精生产商找上门来，希望王文昭能给他们提供污水处理解决方案。该生产商告诉王文昭，香精生产过程中会产生大量的工业废水，如果把废水拉走集中处理，每月光处理费就达到上百万元。为了减少费用，有的不良厂商将污水偷偷排放。他希望王文昭能为他们设计一套实惠的污水处理方案。

香精废水属于典型的高浓度难处理废水，污染物浓度极高，且出水不稳定，冲击负荷非常大，对微生物反应的稳定性造成很大影响。同时，生产商对成本也比较敏感，必须做到高效低成本。

喜爱挑战的王文昭爽快地答应了。经过 5 个月的实验和一轮轮验证，他为该香精生产商量身定做了一套智能污水处理系统，不仅让处理后的污水水质达到排放标准，还让其污水处理成本降低了 95%。

为了更好地把技术推向市场，王文昭积极开展合作，为污水处理公司提供技术服务。南京有一条牛首山河，由于各种污染，河水又黑又臭，遭到当地居民数次投诉。2016 年 4 月，当地一家污水治理企业找到王文昭，希望引入 QQ-MBR① 技术来治理牛首山河。王文昭仔细查看后，决定采用处理后清水回灌的方式。他利用 MBR 占地面积小、出水水质好且稳定、适合深度处理等优势，大幅提高了微生物反应效率，节省了投资和运行费

① QQ-MBR：MBR 是膜生物反应器的中文简称，MBR 技术始于 20 世纪 60 年代的美国，具有出水水质好、占地面积小等优势。

用超过 30%。经过三个月的治理，牛首山河水质得到明显改观，河道自净能力得到很好恢复。

为美丽乡村护航

在一次技术推广活动中，王文昭引起湖南省新晃侗族自治县领导的浓厚兴趣，被邀请前去为农村水安全治理提供技术方案。

福瑞莱环保净水系统帮助湖南省新晃侗族自治县团溪村改善水质

王文昭对该县几条主要河道和村镇进行了考察，发现当地村民生活污水随意排入小溪，饮水行为也存在巨大风险。在县政府的邀请下，王文昭选定当地一个贫困村作为试点，因为那里水源存在铅锌矿污染和病菌超标，且婴儿出生缺陷率较高。经过详细调查研究，他们把定制的低压净水系统 WSD-P01 和无压净水桶 WSD-B01 应用在该村，使该村水质得到明显改善。王文昭至今仍保持对该村的定期回访，还打算进一步完善该村的排水安全治理，彻底解决其水安全问题，并改善村容村貌，为美丽乡村打造样板。

王文昭说，国家已经把解决水污染问题放在涉及民生安全的战略高度，2015 年 4 月《水污染防治行动计划》出台，明确要求以县级行政区域为单元，实行农村污水处理统一规划、管理深化"以奖促治"，推进农村环境连片整治。

创业是一条异常艰辛而漫长的道路，尤其是把目光锁定在经济相对落后的农村地区，更是艰苦卓绝。王文昭说："我们解决了生存问题之后，就开始进军农村污水处理市场。当然，大家都知道农村居民收入低，因此，如何既解决农村水污染治理问题，又能养活我们公司，是一个非常考验我们智慧的问题。"

【创业心路】

创业需要百分之百投入

王文昭

创业是需要百分之百投入的事情。因为很多人就算是百分之百投入，也可能会失败。如果不百分之百投入，肯定会失败。

我选择辞职创业，走了两年的创业之路，虽然在商场打拼很辛苦，但我觉得很有成就感。我们的团队解决了工业污水处理、农村污水处理等难题，不仅做出了极具科技含量的产品，还积累了经典的行业应用案例，也获得了很多荣誉。

我参加了 G20 青年创业家峰会和 APEC 峰会，感觉到身上有更大的使命。随着祖国的日渐强大，我们对自然环境的保护应该承担起更大的责任，所以我对我们的未来充满信心。

【创业法则】

"农村包围城市"战略

在王文昭刚刚进入农村水安全领域的时候，这个领域还非常不被看好。很多投资人都建议，中国农村发展起来还需要相当长的时间，环保是耗钱的事，要找发达的地方做。但王文昭仍然坚持从农村做起。为什么呢？首先，农村需求最大，也最强烈，全国 70% 未经处理的直排环境的污水来自农村；其次，农村环境问题整治非常缺乏适合的解决方案。最重要的是，农村水处理市场是环保行业千载难逢的同质化巨量需求市场，是唯一可能实现设备标准化，改变环保行业长期以来手工作业、生产力低下现状的市场。

从 2016 年起，王文昭就发起了千镇万村计划，力争在 5 年内完成 10000 个乡村的水安全保障系统建设。同时，他们也在积极推进处理后的生活污水回用，推进建设"家庭有机菜园"。

环保是一种生活态度，也是一种时尚。虽然王文昭瞄准的是农村，但从不忘包围城市。他信心满满地说："我们坚信，21 世纪中国环保生活新时尚将由农村引领。"

【人物档案】 ⊙ 王文昭

　　王文昭，日本宇都宫大学环境微生物学博士，美国宾夕法尼亚州立大学博士后，提出并实现饮用水安全与排水安全的有机统一，成功开发了一户式农村水安全保障系统，受邀在美、日、韩等国家举办的国际著名会议上发表演讲十余次。作为全国唯一受邀环保企业新秀代表参加 2016 年 G20 青年创业家峰会，并出席 2016 年在秘鲁举行的 APEC 峰会。

后记

蝶　变

从丑丑的毛毛虫变成美丽的蝴蝶，是需要一个过程的，这个过程我们通常称为"蝶变"。美丽的蝴蝶飞舞在花丛间的时候，翩跹的舞姿那么令我们陶醉，而蝶变过程中的艰辛，我们却无从知晓。

蝶变意味着极端的变化，一般指在蛰伏中向更好或更完美的方面极大蜕变。从高知变身为企业家，恰恰能让人感受到那种蝶变的艰辛，体会到他们矢志不渝的坚持，看见他们造福社会、实现自我突破的宽广胸怀。

其实，并不是拥有高学历的人就适合创业，就一定能成为成功的企业家。有时，高学历反而是一种障碍和枷锁，比如高知们清高的性格、单纯的人际关系可能会为其制造出一些想象不到的障碍。要创业成功，必须实现自我突破，完成角色转化，有如蝶变。北京斯邦医疗科技有限公司总经理费璟昊说："高学历知识分子转型为创业者要过两道'坎'——面子的'坎'和里子的'坎'。从受人敬仰、众星捧月的政府官员或者学者转变为一名创业者，要跨过面子上的'坎'。而心理障碍，则是里子的'坎'。"

对于所面临的"里子的'坎'"，深圳吉阳智能科技有限公司董事长阳如坤说："创业的道路上有很多困难，最重要的是要坚持……这个过程，包括在产业低潮时如何取信于股东，如何与不按常理出牌的竞争对手打交道等，会让人非常痛苦。处理好各种关系，对纯技术类型的创业者来说是不小的考验。"

从海外回来的高学历知识分子要创业，除了要克服知识分子变身为企业家的各种困境，还要面对国内环境的考验，以及突破自身发展瓶颈。拥有美国弗吉尼亚大学博士学位的盛司潼，2008 年回到国内，创办了深圳华因康基因科技有限公司。他发自肺腑地说："很不容易！有喜悦，也有痛苦，每个阶段需要面对的难题都是不一样的，作为创业者必须一个一个地去克服。痛苦的是在成功之前压力很大，搞科研一直在烧钱阶段，没有太大经济产出，而且还要担心自己的研究进程落后于国外，那么面对投资者，我会有很大压力。"

在高知创业者群体中，近年来涌现出一大批优秀的企业家：深圳首位获得"全球青年领袖"称号的刘自鸿，创办的深圳市柔宇科技有限公司市值突破 50 亿美元，成为全球成长最快的独角兽科技创业公司之一；刘昊扬创办的北京诺亦腾科技有限公司，是全世界用户量最大的动作捕捉系统提供者，并成为虚拟现实行业的全球佼佼者；盛司潼率领的深圳华因康基因科技有限公司 2014 年 12 月推出中国首创的高通量基因测序仪 HYK-PSTAR-IIA，获得国家食品药品监督管理总局三类医疗器械注册证，填补了中国临床高通量基因测序仪的空白，为国内生物基因的应用带来变革，并带动了整个产业链的发展。

在问及他们成功蝶变的原因时，笔者得到了一个共同的答案，就是他们希望把掌握的技术变成有价值的产品或服务造福人类，这个是他们创业最大的动力。

阳如坤说："我希望自己做的技术创新成果能解决工业的实际问题。对我来说，用技术解决客户的痛点，为客户创造价值，带来价值，能解决工业和生活中的实际问题，这才是最有意义的，而不是技术本身多么高明。"

在美国弗吉尼亚大学医学院潜心做科研的那几年，盛司潼获得了许多基因测序领域的核心发明专利，甚至一度有美国医药企业想要斥巨资购买他的专利。但当看到国外基因测序领域正在快速发展，而国内的测序领域无论是技术还是市场却还处于初始阶段时，他毅然决定回国，把自己所掌握的测序领域先进技术转化成真正服务于中国临床医疗的产品，更好地辅助疾病的诊断和治疗。那时的他心中所想的是，这会是一件真正有意义的事情!

刘自鸿也说:"你创业所选择的方向一定要对社会有价值、有贡献。如果你做的事业可以让世界变得更美好,有正向的价值,那么你就会从中找到坚持的意义,不会轻易放弃。柔宇的目标是'通过技术创新让人们更好地感知世界',我认为做这件事情非常有意义,所以乐此不疲……我们不是为了外部的荣誉而战,也不容易因为遭受他人的质疑或嘲讽就动摇信心。我们是为了内心所喜爱的、对人类有价值的事业而奋斗,因此可以一直坚持不懈地走下去。"

这样的蝶变过程,同样充满了孤独、抑郁、挣扎,甚至绝望,但他们能勇敢地坚持下来,用自己的技术专长创造出更美好的产品,造福整个社会和人类,这是一件多么值得尊敬和赞叹的事情!